요산유고
(樂山遺稿)

요산유고

초판 1쇄 인쇄 2022년 10월 10일
초판 1쇄 발행 2022년 10월 15일

지은이 裵鑮夏
펴낸이 金泰奉
펴낸곳 한솜미디어
등　록 제5-213호

편　집 김태일, 김수정
마케팅 김명준

주　소 (우 05044) 서울시 광진구 아차산로 413(구의동 243-22)
전　화 (02)454-0492(代)
팩　스 (02)454-0493
이메일 hansom@hansom.co.kr
홈페이지 www.hansom.co.kr

ISBN 978-89-5959-564 8 (03810)

*책값은 표지에 표시되어 있습니다.
*잘못 만들어진 책은 구입하신 서점에서 친절하게 바꿔드립니다.

요산유고
(樂山遺稿)

요산(樂山) 배진하(裵鎭夏)

발간사

　분성군(盆城君) 21세손(世孫)이신 고조할아버지(樂山 裵鎭夏 또는 瑀 榮, 1838~1912) 산소에 묘사 지내러 다닌 지 어언 60년이 넘었다. 당시는 하판동(현재 송학리)에서 산동까지 버스를 타고 가서 다시 3km 정도 넓은 들판을 가로질러 걸은 후 산에 올라갔다. 우리 아버지, 할아버지는 그보다 훨씬 오래전부터 다니셨고, 지난 100여 년간 수많은 후손이 다닌 길이다.

　예전엔 추수를 다 끝낸 후 농가가 한가해진 음력 시월 둘째 일요일이 묘사 날이었는데, 때로는 눈보라가 휘날리기도 하는 추운 날씨였다. 산에서 내려다보면 추수를 끝낸 넓은 들판 너머 정겨운 초가들이 옹기종기 모여 있었다. 묘사를 다 지낸 후에는 줄을 서서 기다리던 근처 동네 아이들 20여 명에게 묘사 떡을 나누어 주었다.

　집안 어른 한 분이 낭랑한 음성으로 읽으시던 축문(祝文)은 참 듣기 좋았지만 무슨 뜻인지는 잘 알 수 없었다. 모두 둘러앉아 음식을 나누며 이야기꽃을 피울 때면, 어른들이 축문의 뜻도 설명해 주시고, 요산 할아버지가 어떤 분이신지도 이야기해 주셨다. 무과(武科)에 급제한 장수이셨지만 학문도 아주 뛰어나서 그야말로 문무(文武)를 겸비한 훌륭한 분이셨다고 들었다. 묘비에 쓰인 글이 바로 그러한 내용을 담고 있다고 했다.

어린 시절 말로만 듣던 내용을 몇 년 전 우연히 확인하게 됐다. 장조카가 "집에 이런 고서(古書)가 있다."며 보여 주었는데, 바로 가친(家親)께서 21세 때인 1935년에 요산 할아버지의 유고(遺稿)를 모아 발간하신 『요산유고(樂山遺稿)』 문집이었다. 모두 한문이라 다 이해할 수는 없었지만, 생전의 고조할아버지 모습을 보는 것 같았다.

한양길에 조령을 넘어 한강과 남산을 보신 감회를 읊거나 인근의 유학산, 금오산, 팔공산에 올라 지으신 시(詩) 78편, 가까운 사람들에게 쓰신 서한(書翰) 7편, 인간의 도리와 행실에 관한 논설(論說) 5편 등 총 90편의 글이 실려 있었다. 그 외에도 서문 3편과 부록 11편(가문의 내력, 요산 할아버지의 묘지명, 유고 수집과 발간 경위에 관한 글 등)이 수록돼 있었다.

지난해 11월 요산 할아버지 묘사 때 종친들에게 이 책에 관한 이야기를 하니, 좌중이 한목소리로 이 책을 국역해 후손들이 모두 읽을 수 있도록 하자고 했다. 국역자를 찾는 중에 진수(振秀; 盆城君 26世孫)가 지인의 추천으로 한국국학진흥원 고전국역팀 국역위원이신 이기훈 철학박사를 만나 바로 결실을 볼 수 있게 되었다.

요산 할아버지는 용모가 수려하고, 살결이 희고 미목(眉目)이 뚜렷하였으며, 도량이 크고 깊었다고 한다. 또한 시를 짓거나 사(詞)를 논할 때는 유자儒子의 기상을 지녔다고 하며, 칼을 들어 지휘할 때면 변화에 대응할 수 있는 재목이라고 하였다. 고금의 일을 말할 때는 호탕하고 의협심이 있는 사람이라고 했다.

이 책을 읽다 보면, 실제로 요산 할아버지의 풍모와 운치, 시국 걱정과 나라에 대한 충성, 가족에 대한 따뜻한 사랑 등을 절절히 느끼게 된다. 또한 요산 할아버지의 모습을 직접 뵙는 듯한 벅찬 감동을 금할 수 없으며, 요산 할아버지의 후손임이 너무나 자랑스러워진다.

책을 편집하는 과정에서, 이 책만 보면 누구나 우리 문중을 쉽게 이해할 수 있도록 요산문중약사(樂山門中略史)를 써넣기로 했다. 그간 문중 일에 남달리 헌신해 온 중한(重漢) 부회장이 좋은 글을 써 주었다. 그리고 정확하면서도 읽기 쉽게 국역해 주신 이기훈 박사님과 이 책의 출간을 흔쾌히 맡아주신 「도서출판 한솜미디어」 김태봉 대표님께 감사드린다.

모쪼록 이 책이 후손들에게 요산 할아버지의 참모습을 바로 알고, 가문에 대한 자긍심을 높이며, 선현의 뜻대로 올바른 삶을 살아가는 데 귀중한 지침이 되길 기원한다.

2022. 9. 15.
배규한(裵圭漢, 樂山會 會長)
盆城君 25世孫, 社會學 博士/敎授

[읽어두기]

1. 이 책의 앞 부분은 『요산유고』의 국역문이며, 뒷 부분은 영인본이다.
2. 국역문을 원문과 대조해 볼 수 있도록 각 글의 제목 뒤 괄호 안에 영인본의 페이지를 적어두었다.
3. 독자의 이해를 위해 필요한 경우 괄호 속에 작은 글자로 설명하거나 각주를 첨부하였다.
4. 원본의 제1부는 모두 국역하고, 제2부(부록)는 처음과 끝 두 편만 국역하였다. 다른 글들은 문중 외 사람들이 쓴 글로서 상당 부분 중복되는 내용이기 때문이다.

| 차례 |

발간사   4
배(裵)씨 관련 자료사진 [득성조, 중시조, 수관조受貫祖, 요산공]   14
요산문중약사(樂山門中略史)   17

요산 배공 유고의 서문 [樂山裵公遺稿序]
1. 김홍락(金鴻洛)   (영인본 1쪽) 21
2. 최병원(崔炳元)   (영인본 4쪽) 23
3. 조윤묵(曺允黙)   (영인본 7쪽) 26

요산유고 권1

시[詩]
한양에서 노닐다 [遊漢陽]   (영인본 23쪽) 30
한강에서 불어난 물을 보다 [漢江觀漲] 2수   31
종남산에 오르다 [登終南山]   (영인본 24쪽) 32
돌아오는 길에 조령에 오르다 [歸路登鳥嶺]   33
둥근 부채를 읊다 [詠團扇]   34
저산에 은거하다 [楮山幽居] 서문을 병기함   (영인본 25쪽) 35
진성로와 함께 보현산을 유람하다 [與陳星老遊普賢山] (영인본 27쪽) 37
아사雅士 김귀락과 동래를 유람하며 부산 바다를 바라보다
    [與金雅龜洛遊東萊望釜山海]   38
돌아가는 길에 영남루에 올라가다 [歸路登嶺南樓] 2수
    (영인본 28쪽) 39

무신년(1908) 사월 어느 날 달성에 올라가 조망하다
　[戊申四月日登達城眺望]　　　　　　　　　　　　　　40
장교준 낙안과 함께 금곡사에 피서하다
　[與張樂安 敎駿 避暑于金谷寺]　　　　　(영인본 29쪽) 41
고을 수령 황연수가 새 책력을 준 것에 하례하다
　[奉賀黃侯 演秀 惠贈新蓂] 2수　　　　　　　　　　42
영산(창녕)의 청암리로 가서 선조의 묘소를 배소하고
　척헌재에서 묵다[往靈山靑巖里拜先墓宿陟巚齋] 서문을 병기함
　　　　　　　　　　　　　　　　　　　(영인본 30쪽) 43
더운 여름 장낙안과 다시 금곡사에 가다 [暑月與張樂安再到金谷寺]
　서문을 병기함　　　　　　　　　　　　(영인본 31쪽) 45
종형 진붕을 애도하는 만시 [從兄 鎭鵬 挽] 2수 (영인본 32쪽) 47
늦가을에 국화를 감상하다 [晩秋賞菊]　　　(영인본 33쪽) 48
정진태 공을 애도하는 만시 [挽鄭公 鎭泰]　　　　　　49
고을 원 황연수를 송별하다 [奉別黃侯 演秀] 2수　　　50
봄날 한적하여 서울을 추억하다 [春日閑寂憶京華] (영인본 34쪽) 51
시어 권중락을 애도하는 만시 [挽權侍御仲洛]　　　　52
최경식 대경을 애도하는 만시 [挽崔大經 坰植]　(영인본 35쪽) 53
상사 권경택에게 시를 부치다 [寄贈權上舍 絅澤]　　　54
가뭄 끝에 내리는 비 [喜雨]　　　　　　　(영인본 36쪽) 55
병을 앓은 후에 [病後]　　　　　　　　　　　　　　56
가을밤에 진성로를 추억하다 [秋夜憶陳星老]　　　　57
병포암에서 유거하다 [屛鋪巖幽居] 서문을 병기함 (영인본 37쪽) 58
환갑날 감회를 서술하다 [甲日述懷] 3수, 서문을 병기함
　　　　　　　　　　　　　　　　　　　(영인본 39쪽) 60
비를 걱정하다 [悶雨]　　　　　　　　　　(영인본 42쪽) 63

홍병식 치강과 함께 팔공산에 오르다 [同洪致岡 秉湜 登八公山]
(영인본 43쪽) 64

문방사우의 시 [文房四友吟] 서문을 병기함　　　　　　　65
여행하는 도중에 아이들이 마음에 걸리다 [旅中懷兒孫] 2수,
　서문을 병기함　　　　　　　　　　　　　(영인본 46쪽) 68
단오 [端午]　　　　　　　　　　　　　　　(영인본 47쪽) 69
박선일·김노언과 화산에 오르다 [與朴善日金魯彦登華山]
(영인본 48쪽) 70

인각사 [麟角寺]　　　　　　　　　　　　　　　　　　71
학소대 [鶴巢臺]　　　　　　　　　　　　　　　　　　72
단계 하위지 선생의 묘소를 지나며 감회가 있어
　[過丹溪河先生墓有感] 2수, 서문을 병기함　(영인본 49쪽) 73
좌랑 소산 권용을 애도하는 만시 [挽權佐郎巢山 鎔]　　74
중양일에 동지와 함께 아미산에 오르다 [重陽日伴同志登峨嵋山]
(영인본 50쪽) 75

제석 [除夕]　　　　　　　　　　　　　　　　　　　76
매화 [梅花]　　　　　　　　　　　　　　(영인본 51쪽) 77
정월 대보름에 압곡사를 유람하다 [燈夕遊鴨谷寺]　　 78
「이소경」을 읽고 감회가 있어 [讀離騷經有感] 2수　　79
도정절의 「귀거래사」를 읽고 느낌이 있어
　[讀陶靖節歸去來辭有感] 2수　　　　　　(영인본 52쪽) 80
경주에서 옛 자취를 생각하다 [東都懷古]　　　　　　81
당나라 때의 팔사마 [唐之八司馬] 서문을 병기함 (영인본 53쪽) 82
류종원의 글을 읽다 [讀柳大家]　　　　　　(영인본 54쪽) 84
병암이란 신령한 곳 [屛嚴靈境]　　　　　　(영인본 55쪽) 85
칠석 [七夕]　　　　　　　　　　　　　　　　　　　86

거울을 보다 [覽鏡] (영인본 56쪽) 87
옛일을 생각하다 [懷古] 88
김경용 성도를 방문하다 [訪金聖度 炅容] 89
김성문 치백을 애도하는 만시 [挽金致伯 成文] (영인본 57쪽) 90
눈을 읊다 [詠雪] 91
모기 [蚊虻] 92
팔월 초하루 선대의 묘에 성묘하다 [八月初吉省先墓]
(영인본 58쪽) 93
돌아오는 길에 당시를 차용하여 넓고 넓은 들판의 풀이라는
　시를 짓다 [歸路用唐詩漠漠野田草韻] 94
장형의 환갑 축하 시에 차운하다 [次張兄晬宴韻] 95
추석 [秋夕] (영인본 59쪽) 96
추석 다음 날 [仲秋旣望] 97
양산 [洋傘] 98
매화 대나무 병풍 [梅竹屛] (영인본 60쪽) 99
등백도 [鄧伯道] 2수, 서문을 병기함 100
『시경』의 「주남」과 「소남」을 읽고 [讀詩周召南] (영인본 62쪽) 102
「정풍」과 「위풍」을 읽고 [讀鄭衛風] 103
변아(『시경』「대아」「소아」의 일부)를 읽고 [讀變雅] 104
초승달을 노래하다 [詠初月] (영인본 63쪽) 105
동락을 유람하다 [遊東洛] 106
추망 [秋忙] 107
유학산 [遊鶴山] (영인본 64쪽) 108
조양각에 올라 삼가 포은 정 선생의 시에 차운하다
　[登朝陽閣謹次圃隱鄭先生韻] 109
금오산에 오르다 [登金烏山] 110

요산유고　11

농가의 소 키우기 [田家牧牛] (영인본 65쪽) 111
가을날 그윽한 회포 [秋日幽懷] 112
박선일이 방문하다 [朴善日見訪] 113
산골짜기에서 곧장 읊다 [峽中卽事] (영인본 66쪽) 114
거위를 키우며 시를 남기다 [畜鵝遺贈吟] 서문을 병기함 115
다른 이의 '손자를 얻고서' 시에 차운하다 [次人抱孫韻] 2수
                (영인본 68쪽) 117
보릿고개를 한하며 [歎春麥嶺] 서문을 병기함, 무자년(1888)
                (영인본 69쪽) 118

편지[書]

수령 황연수에게 답하다 [答黃候 演秀] (영인본 70쪽) 120
장교준 낙안에게 주다 [與張樂安 敎駿] (영인본 71쪽) 121
진사 권경택에게 보내다 [與權進士 絅澤] (영인본 72쪽) 122
족보 사무소의 여러 종친에게 답하다 [答譜所僉宗] (영인본 73쪽) 123
통정대부 장두각에게 주다 [與張通政 斗珏] (영인본 74쪽) 125
종제 진헌에게 주다 [與從弟鎭憲] (영인본 75쪽) 126
조카 재연에게 주는 편지 [與姪兒在淵] (영인본 76쪽) 127

서[序]

요산서 [樂山序] (영인본 77쪽) 128

기[記]

저전기 [楮田記] (영인본 79쪽) 131

논[論]

천인론 [天人論]	(영인본 82쪽)	133
유후론 [留侯論]	(영인본 84쪽)	136
찬문종후론 [鄭文終侯論]	(영인본 87쪽)	139
무후론 [武侯論]	(영인본 90쪽)	142
삼강론 [三綱論]	(영인본 93쪽)	145

요산유고 권2 (부록)

가장 [家狀]	(영인본 95쪽)	148
행장 [行狀]	(영인본 105쪽, 국역문 없음)	
묘지명 [墓誌銘]	(영인본 114쪽, 국역문 없음)	
묘갈명 [墓碣銘]	(영인본 117쪽, 국역문 없음)	
만사 [挽詞]	(영인본 121쪽, 국역문 없음)	
제문 [祭文]	(영인본 124쪽, 국역문 없음)	
요산기 [樂山記]	(영인본 131쪽, 국역문 없음)	
병포암유거기 [屛鋪巖幽居記]	(영인본 133쪽, 국역문 없음)	
유고고성문 [遺稿告成文]	(영인본 135쪽, 국역문 없음)	
발 [跋]	(영인본 136쪽, 국역문 없음)	
발문 [跋文]	(영인본 141쪽)	157

편집후기   159

배씨 관련 자료사진

득성조(得姓祖) 금산가리촌장(金山加利村長)을 모신 양산재(楊山齋)
(경주시 탑동 690번지)

중시조(中始祖) 무열공(武烈公) 현경(玄慶)의 묘소
(경북 칠곡군 지천면 요산리 가락산)

수관조(受貫祖) 분성군(盆城君) 원룡(元龍)의 묘소
(경남 김해시 화목동 1334번지 궁곡)

분성군 21세손 요산공(樂山公) 진하(鎭夏)의 묘소
(경북 구미시 옥계동 산44·45번지)

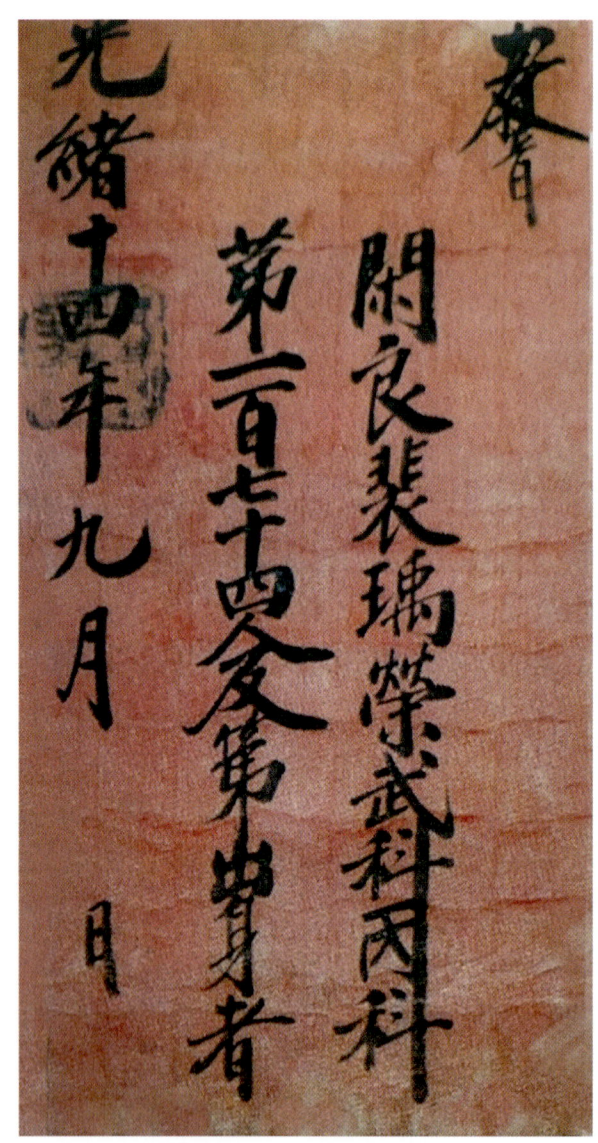

요산공(樂山公)의 무과급제 교지

요산문중약사
樂山門中略史

 배裵씨의 시조始祖는 신라 초기 6부 촌장 중 금산가리촌장金山加利村長인 지祗자 타沱자 할아버지이시다. 경주 탑동 양산 기슭에 가면 양산재楊山齋가 있는데, 나정羅井 우물가 앞에서 태어난 박혁거세를 신라의 왕으로 추대한 육촌장을 기리는 곳(六部殿)이며, 여기에 금산가리촌장의 유허비遺墟碑도 있다.

 배씨 득성조得姓祖(祗沱)에 관련된 기록은 『삼국사기』에 다음과 같이 나와 있다.
 "지타 공은 기원전 57년 어느 날 다른 5부 촌장과 함께 경주 알천閼川 양산 기슭에서 나라 세울 일을 의논했다 …(중략)… 3대 유리왕 9년(서기 32년)에 건국의 아버지 격인 6부 마을과 촌장에게는 한자식 마을 이름과 성이 내려졌다."
 이때 금산가리촌은 한지부漢祗部(경주 백률사栢栗寺 부근)가 됐고, 지타 공은 배裵씨 성을 받았다.

 배씨는 그때 같이 성을 받은 경주 이李·최崔·설薛·정鄭·손孫씨와 함께 우리나라에서 가장 오래된 성씨 중 하나이다. 이후 기록이 실전失傳되어 배씨는 다시 기록이 이어진 고려 개국공신 무열공武烈公 현玄자 경慶자 할아버지를 중시조中始祖로 받들고 있다.

무열공의 현손인 배사혁裵斯革 공에게 아들 삼 형제가 있었는데, 첫째 원룡元龍은 분성盆城(현재 김해), 둘째 천룡天龍은 성산星山(현재 성주), 셋째 운룡雲龍은 달성達城으로 각각 분관分貫되었다. 다시 말하면 배씨의 뿌리는 모두 경주인데 본관이 분성 · 성산 · 달성으로 나눠진 것이다. 그 후에 흥해興海, 곤산昆山 등 50여 개로 분관되었으나, 60여 년 전 '배씨대종회'에서는 본관을 모두 '경주 배'씨로 통일해 쓰기로 권고한 바 있다. 2015년 통계에 따르면 배씨는 총 400,641명이었다.

분성군盆城君 18세손世孫이신 한漢자 신臣자 할아버지(1729~1802)는 청도에 사시다가 선산군 장천면 부곡釜谷리로 이주해 오셔서 우리 집안의 입향入鄕 선조가 되셨다. 입향 선조의 손자인 순舜자 철喆자 할아버지의 둘째 아들로 태어나신 분이 바로 분성군 21세손 진鎭자 하夏자 할아버지이신데, 그의 휘는 우영瑀瑩, 호는 요산樂山이다.

요산 할아버지는 어려서부터 골상이 청수하며 총명하고 영민하셨다고 한다. 특히 시문詩文을 짓는 소리가 동문同門 중에서 항상 가장 먼저 나왔다고 전해진다. 불철주야 학업에 정진하여 과거에 나아가 무과武科에 당당히 합격하셨다. 그리고 용양위 부사과龍讓衛 副司果에 제수되셨으며, 선략장군宣略將軍으로 책봉되셨다.

그 후 동학운동1)과 갑오경장2) 등으로 시국이 소란하므로 낙

---

1) 1894년(고종 31) 전라도 고부의 동학접주 전봉준(全琫準) 등을 지도자로 동학교도와

향하여 산수 간에 유유자적하셨다. 가사를 자손에게 맡기고 명승지를 두루 다니셨는데 그 행적에 하루도 휴식이 없었다고 한다. 군위군 고로면 병암마을에 초당을 지어 별장으로 삼고, 말타기와 매사냥을 즐기면서 산천초목과 더불어 생활하셨다.

임자년(1912) 7월 29일 요산 할아버지께서 74세를 일기로 돌아가시니, 장손長孫 종환宗煥이 인동면 온수동 흥양곡 경좌庚坐3) 언덕에 안장하였다. 요산 할아버지는 슬하에 경연景淵, 우연雨淵, 성연聖淵 삼 형제를 두셨는데, 그 자손들이 어언 삼십여 가家를 이루고 있다. 요산 할아버지의 무과武科 병과丙科 174인 급제及第 교지敎旨와 시문詩文 등 유고집은 지금도 문중의 큰 보물로 남아 있다.

1940년대 중반에는 후손들이 정성을 모아 요산 할아버지 묘위답을 마련함으로써, 석우동에서 묘사 음식을 차려 하판동, 학하동, 인동을 거쳐 40여 리 길을 메고 지고 들고 가는 번거로움을 덜게 되었다. 1980년대 중반에 묘위답이 택지개발로 수용되어, 그 보상금으로 대구 상인동에 상가건물을 마련하고, 일부 남은 금액은 운영자금으로 쓰면서 계속 불려 나가고 있다.

후손들은 요산회樂山會를 결성하여 상호 간 친목을 도모하면

농민들이 합세하여 일으킨 운동.
2) 1894년 7월부터 1896년 2월까지 추진되었던 일련의 개혁운동. 갑오개혁이라고도 하며, 제1차 갑오개혁은 군국기무처 주도하에 1894년 7월 27일부터 동년 12월 17일까지 추진되었음.
3) 묏자리나 집터 따위가 경방(庚方)을 등진 방향 또는 그렇게 앉은 자리. 서남쪽을 등진 방향임.

서 해마다 벌초 및 묘사 행사를 빠짐없이 하며, 소액이지만 후손들의 장학사업도 함께 해오고 있다. 수년 전에는 현조부모 묘위답 의성지분(鎭자 奎자 문중)을 정리해 인수함으로써 자산이 더 불어났다. 실로 대단한 정성이고 철두철미한 유학儒學 정신이 아닐 수 없다.

이제 우리 후손들은 고고한 선비정신과 훌륭한 덕성으로 살다 가신 요산 할아버지의 높은 인품을 본받고, 선대先代의 철저한 유학儒學 정신을 이어받아 세사歲祀에 성심을 다해야 할 것이다. 그리고 우애 있게 화합하고 단결하여 문중 일에 충실히 임함으로써 자손이 더욱 번창하고 번영하는 문중으로 계속 이어지기를 기원한다.

배중한(裵重漢. 樂山會 副會長)
盆城君 25世孫, 經濟學 博士/藥師

요산 배공 유고의 서문
[樂山裵公遺稿序]

① 김홍락(영인본 1쪽)

　선비가 진실로 가슴에 품은 포부와 뛰어난 재질이 있으나 속에 깊이 감추어 일생을 마치더라도 나아가지 못하는 것은 기수氣數의 치우침과 시운時運이 가라앉아서이다. 그러므로 세상을 만나는 것은 예부터 어렵다고 했으니, 오직 상象을 살피고 점사占辭를 완상하며 때를 알고 형세를 알 따름이며, 이치가 어지럽더라도 귀에 들어오지 않으며 영욕이 마음에 누가 되지 않는다. 당세에는 모범이 되고 후손에게는 넉넉함을 드리우는 것이니, 어찌 추鄒나라 성인인 맹자께서 말한 "홀로 자신의 몸을 선하게 한다."라는 것과 방덕공龐德公4)이 남긴 편안함이 아니겠는가!

　요산 배공은 모당공慕堂公의 후손으로, 선천적으로 타고난 성품이 인자仁慈하고 총명한 자태가 뛰어났으며, 글 짓는 실력을 일찍 이루어 한 시대를 떠들썩하게 하였다. 부모를 위해 머리를 숙이고 여러 차례 과거를 보았으나 불리하였는데, 마침내 마음을 접고 임천林泉5)으로 은거하여 오직 몸을 닦고 행실을 삼가 깨달음의 눈을 가지게 되었고, 어버이를 모심에 뜻과 신

---

4) 후한 말 삼국시대의 은사. 형주 양양군 양양현 사람으로 방통, 방림의 숙부이자 제갈량의 사돈. 형주자사 유표가 여러 차례 불렀으나 "세상 사람들은 그렇게 하여 위험을 남기는데, 이렇게 홀로 있으니 편안함을 얻게 됩니다."라고 답하며 응하지 않았다고 함.
5) 숲과 샘. 세상을 버리고 은둔하기 알맞은 곳을 비유적으로 이르는 말.

체의 봉양을 다 받들고, 사람과 사물을 구제함에 자비의 본성을 극진히 하였다.

친구의 두터운 권면으로 다시 머리를 숙여 과거장에 임하였는데, 마침내 힘을 써서 무과에 급제하여 출세하였음에도 일은 근면함으로 시작하였으니, 이에 적은 아교풀로 천 길 황하의 혼탁함을 맑게 할 수 없음을 알 수 있다. 표연하게 고니처럼 날아가 저기 언덕에서 즐거워하니 다시 벼슬을 하지 않고 한가한 날이면 지팡이 닿는 대로 산수를 다니며 사물의 경치를 감상하여 시로 읊어 정신을 펼치고 몸을 가다듬었다. 대개 풍진 세상의 바깥으로 훨쩍 날아 인仁과 지智의 즐거움을 기뻐하였는데, 한번 세상이 바뀜에 풍천風泉6)에 대한 감흥과 처창悽愴7)한 뜻이 더욱 간절하여 늘 언사에 드러났으니, 대개 공이 지닌 충의忠義의 마음을 여기에서 볼 수 있다.

그리고 성품이 또한 맑고 고아하여 그 마음속에서 발하는 것이 문사文詞에 드러난 것은 충담沖澹8)하여 넉넉한 멋이 있으며 변변치 못한 선비의 비릿한 기미가 없었다. 그 가운데는 도정절陶靖節(도연명의 시호)이 은거한 것과 등백도鄧伯道9)가 난리를 피한 과정이 스며 있다. 견해가 정밀하여 깊고 구분하여 분석함이 분명하며, 전대 사람이 밝히지 못한 이치를 훗날을 위해 증거로 삼음이 믿을 만하니, 덕 있는 사람들은 반드시 애석하다

---

6) 나라가 쇠망함을 이르는 말. 시경(詩經) 회풍(檜風)의 비풍장(匪風章)과 조풍(曹風)의 하천장(下泉章)에서 유래.
7) 몹시 구슬프고 애달픔.
8) 성미(性味)가 조촐하고 깨끗함.
9) 진(晉)나라 명사(名士)이며, 난리를 만나 아들과 조카를 데리고 피난 가다가 두 아이를 함께 보전할 수 없게 되자, 아들을 버리고 조카를 살렸더니 훗날에 아들을 두지 못했음. 사람들이 '등백도가 천도(天道)를 몰라서 아들을 못 두었다.'고 함.

고 말한다. 공이 남긴 말과 글은 반드시 이것뿐만은 아닐 것이나 불행히도 흩어져 보존된 것이 겨우 10분의 1 내지 2밖에는 되지 않는데, 고기 한 점만 먹어도 그 솥에 있는 음식의 전체 맛을 알 수 있을 것이다.

공의 손자 수환秀煥이 공의 글을 판각하고자 하여 교정하는 일을 나에게 위촉하고, 또 한마디 글을 써서 서문을 청하였다. 나는 말을 잘하는 사람이 아니라 단지 부처의 머리에 오물을 쏟는다는 기롱(실없는 말로 놀림)을 끼칠까 싶어 사양하였으나, 그 부탁이 더욱 간절하여 마침내 마음속에 느낀 것을 대략 써서 돌려보낸다.

갑술년(1934) 중추仲秋 하순에
통정대부通政大夫 전前 행홍문관시강行弘文館侍講 겸兼
지제고知制誥 문소聞韶 김홍락金鴻洛이 삼가 서문을 쓰다.

2 최병원(영인본 4쪽)

군자는 사람에 대하여 반드시 먼저 덕행을 논하고 그 다음으로 문예를 논하니, 덕행은 근본이고 문예는 말단이다. 구차하고도 번거롭게 혹 사장詞章과 구두句讀의 학문에만 종사하고 그 근본에 힘을 쓰지 않는다면 어떻게 족히 군자의 채택을 받을 것인가!

요산 배공은 편안하고도 담박하며 즐겁고 조화스러운 자질에다 겸하여 곧고 바르며 청렴하고 고결한 절조로써 오로지 자신의 학문을 위하는 위기지학爲己之學에 전념하여 마음은 바깥으로 치닫지 아니하고, 한결같이 효제충신孝悌忠信과 성정수제誠正修齊를 상황에 알맞게 적용하였다. 또 베푸는 것을 좋아하여 흉년에는 농지를 개간하여 친척들을 구휼하고 곤궁한 사람을 보면 물건을 주어 자본으로 삼게 하였으나, 자신은 모자람에도 넉넉하게 스스로 즐겨 화려한 영리의 길은 끊는 뜻이 있었다. 그리고 오직 농사짓고 독서하는 일에 몰두하여 말은 마을의 속언에 이르지 않고, 족적은 향리를 벗어나지 않았다.

　이후 어버이의 명으로 어쩔 수 없이 과거를 보았으나, 상가(喪家)에 가서 청탁을 해 관직을 취하지 않았다. 이에 "선비가 구차하게 세상에 나아가 높고 낮은 등급에 따라 청현淸顯10)의 직분에 설 수 없다면, 또한 응당 무인의 대오에서 진을 쳐 활과 말의 전장에 나갈 것이다."라고 하여 무과에 참가하여 급제하였지만, 이는 공이 평소에 기약한 것이 아니었다. 전랑을 역임한 것은 마음을 다해 성의를 보이고 한 방울 물과 티끌 같은 보답을 하기로 한 것이었으나, 풍조가 바뀌어 대륙(중국)이 침체하자 공의 계획도 어긋났다.

　이에 지팡이를 짚고 작은 시詩 주머니를 메고 주유하면서 명승지를 방문하여 다니지 않는 곳이 없을 정도였다. 혹 고도古都를 지날 때면 마음의 회포를 서술하고, 이름난 누각에 오를 때면 흥취를 풀어 놓았다. 다리 힘이 이미 노쇠하자 이에 돌아와 한 지역에 별업別業11)을 마련하였으니, 대개 공이 평소 산수벽山水癖이 있어 마침내 늘그막에 은거할 계획이었다. 구름을 갈며 달을 낚을 땐 늙음이 이르는 것을 몰랐고 나이 70이 넘어

---

10) 청환(淸宦)과 현직(顯職)을 아울러 이르는 말.
11) 살림집 밖 경치 좋은 곳에 따로 지어 놓고 때때로 묵으면서 쉬는 집.

장수하고서 생을 마쳤다.

　공과 같은 이는 살아서는 천리天理에 따르고 죽어서는 편안한 사람이라 할 수 있으니, 평소에 저술한 시문 약간 편은 모두 평담하고 온화한 것이며 기예를 부려 꾸미는 데 종사하지 않았고, 자연스레 체재體裁12)가 있었다. 믿을 만하구나, 덕이 있는 자의 말이여. 그가 「이소離騷」13)를 읽고 느낀 감회의 시와 당나라 때 팔사마八司馬14)를 애석해 하는 시에서는 더욱 공의 충후忠厚하고도 측은하게 여기는 뜻을 볼 수 있다. 그 음풍농월吟風弄月과 같은 구문은 모두 취미 가운데 흘러나온 것으로 읽는 사람으로 하여금 모르는 새 흉금을 확 트이게 한다.

　그런데 그 자손이 각 지역에 산재하여 단란하게 모이지 못하고, 많은 시문을 어린아이들이 서로 가져가서 지금 남아 있는 것은 겨우 10분의 1이다. 그러나 고기 한 점을 맛보고도 솥 전체의 음식 맛을 알 수 있으니 어찌 많아야만 하겠는가. 공의 손자 수환이 흩어진 원고 시편 몇 수를 모으고 행장·묘갈墓碣15)·만사·뇌문誄文16) 등의 글을 붙여서 한 책으로 편찬하여 판각하여 전하려 하였다. 그리고 나에게 서문을 요청하였는데 얕은 식견을 돌아보니 어찌 이러한 일을 감당하겠는가. 사양할수록 부탁이 더욱 간절하여 다만 그 정을 생각하여 마땅한 사람이 아닌데도 약속하였으니 마치지 못할 듯하였으나, 마침내 대략 마음속에 느낀 것을 서술하여 돌려보낸다.

---

12) 시문(詩文)의 형식을 의미함.
13) 초(楚)나라 屈原(굴원)이 지은 부(賦)의 이름.
14) 당나라 순종 때 王叔文(왕숙문)의 黨與(당여)로서 그와 함께 먼 곳으로 좌천당한 여덟 사람을 말함.
15) 머리 부분을 둥글게 다듬어 무덤 앞에 세우는 비석.
16) 죽은 사람의 명복을 빌거나 생전의 공덕을 칭송하며 조상(弔喪)하는 말이나 글.

갑술년(1934) 중추中秋 상순에

완산完山(전주) 최병원崔炳元이 삼가 서문을 쓰다.

3 조윤묵(영인본 7쪽)

　박옥璞玉은 변화卞和를 만나 팔리게 되었고, 경남梗楠(아름다운 나무 재목)은 장석匠石(도목수)을 만나 쓰이게 되었으니, 보배롭고 중요하지 않음이 없었다. 그러나 연성連城의 재목이 합하여 동량을 이루는 것은 때를 만나느냐 그렇지 않으냐에 달려 있으며, 세상에 아름다움을 품고 무리를 이룬 선비들이 벼슬길에 며칠만 시험받고 마음을 접은 채 산림에서 지내며 애초의 뜻을 지키는 데 나아가고 물러서며 줄어들고 자라남이 운수에 달린 것인가, 아니면 드러나고 가려지며 행하고 행하지 못함을 기미를 살펴서 그러한 것인가! 근고近古에 요산樂山 배공裵公께서 바로 그러한 분이셨다.

　공은 모옹慕翁의 훌륭한 손자로 어릴 때부터 품성이 총명하고 비범하였으며 아울러 문사文詞에도 뛰어났다. 집안에 거처할 때는 효도와 우애는 물론 화목을 다하였고, 처세함에는 정성스럽고 성실하였고 충신에 힘을 썼고, 사람들과 교제하고 사물과 접할 때는 가난함을 구휼하는 도리를 다하였으니, 두루 정성스럽고 흡족하게 하여 친척과 마을에서 기뻐함을 모두 얻었다. 곁으로는 활쏘기와 말타기의 기예에 통달하여 서울에서 노닐 때는 무과武科에 1등으로 급제를 하였는데, 비록 평소의 뜻은 아니었으나 군왕을 모시는 데는 충忠을 본받아야 하므로 여기에서 시작하여 마음속에 지닌 보무步武를 펼쳐 탄탄대로의 앞길이 열렸으나 분수 안의 일을 진실로 알았다.

아! 세상이 한번 바뀌고 시사時事가 크게 변하자 이에 도정절陶靖節(도잠)의 전원부田園賦(「귀전원부」) 한 편을 외우시며 마침내 결연히 멀리 떠나 동강東岡으로 물러나 거하셨는데, 먼저 병암屛巖한 지역을 선택하고 그 산수의 뛰어난 경치를 사랑하며 인仁과 지智에 낙을 붙이고 저산楮山에 몇 칸의 집을 지으시고서는 학식과 재능을 감추고 모습을 은닉하면서 늙어서 마칠 계획으로 삼으셨다. 샘은 달고 땅은 비옥한 곳을 얻어서 낮이면 농사짓고 저녁이면 책을 읽으며 애오라지 유유자적할 수 있었는데, 저 노을과 구름, 조수鳥獸, 소나무와 대나무, 천석泉石은 어느새 자신의 소유가 되었으니, 다시금 바깥 사물에 어찌 마음을 내겠는가.

마음속의 붉은 충정 시종 사라지지 않아 종묘사직에 대한 염려는 나라를 걱정하는 것뿐만 아니었고, 매번 두공부杜工部(두보)의 "남쪽 별에 기대어 서울을 바라본다"는 구절에 근거하여 서울을 돌아보며 개암나무 감초에 그리움을 의탁하여 눈물을 모르는 새 흘렸다. 이것이 공의 시종인데 만나고 만나지 못하여 그러한 것인가. 지으신 시문詩文 약간 편 모두 평일에 명승지와 이름난 누각, 높은 산에 홀로 올라 노닐며 감상하신 것이고, 아울러 기술하신 것은 혹은 충분과 강개의 뜻에서 나오고 혹은 비어 있고 평화로운 기운이 넘쳐 나온 것이니, 모두 마음속의 것이 바깥으로 발한 글이다.

애석하도다! 높은 산에 노니신 것이 이미 오래인데, 산일散逸(흩어져 없어짐)되는 것을 경계하지 않아 그 가운데 겨우 10분의 1만을 보존하였다. 그러나 곤산崑山의 조각난 옥이나 계림桂林의 한 나뭇가지에서도 영묘하고 신이神異함을 알 수 있으니, 하필이면 글이 많아야 하겠는가. 지금 그 증손 효원孝源 군이 선세의 덕이 사라질까 두려워 이를 판각하여 대대로 오래 전하려 하였고, 당세의 여러 군자가 칭찬하는 사귐이 있었다. 그런데 못난 나[蔑學]를 돌아보건대 어찌 감히 군더더기 말을 덧붙이겠는가. 그러나 이미 선세의 정의를 말하였으니 한마디 말을 하여 문사文辭로 꾸미지 않을 수 없어 대략 느낀 바를 써서 돌려보낸다.

알봉엄무閼逢閹茂(갑술년, 1934) 남지월南至月(11월) 하순에
성균관 진사 하산夏山(창녕 조씨) 조윤묵曺允黙이 삼가 서를 짓다.

요산유고 권1

시[詩]

한양에서 노닐다 [遊漢陽]

(영인본 23쪽)

봄바람에 복숭아꽃 오얏꽃 참으로 화려한데
번화한 거리의 세상이 도성 안에 가득하네
십 년을 쫓느라니 갖옷 이미 다 헤지고
구중의 깊은 궁궐 글 올리기 어렵구나
서리 신발 고생하여 돌아와 사람이 다 젖으니
꽃과 새가 무단히도 나를 경박하다 웃음치네
벼슬 버리고 전원으로 돌아갈 일 있다면은
농사짓고 낚시한다는 처음 맹세 가장 좋으리

한강에서 불어난 물을 보다 [漢江觀漲] 2수

(영인본 23쪽)

[1]

물이 불어 아침에 오니 섬이 보이지 않고
도성의 선비 여성 재물을 바치네
이 강이 만약 황하의 물처럼 변한다면
온 땅은 맑아지고 나라 운은 빛나리

[2]

넓디넓은 물 바라보니 멀리 하늘과 맞닿고
온 사람들 다투어 광릉廣陵의 배에 머무르네
초자楚子와 일찍이 서로 만나고자 한다면
심흉을 깨끗이 씻어 병도 절로 낫겠네

종남산17)에 오르다 [登終南山]   (영인본 24쪽)

장안을 멀리서 바라보니 온갖 형상 삼연하고
봉래의 궁궐에는 다섯 빛깔 구름 깊네
금 항아리 저절로 이루어짐은 원래 저와 같거늘
삼각산은 성이 되고 한강수는 띠 둘렀네

---

17) 종남산은 남산의 옛 이름

돌아오는 길에 조령에 오르다 [歸路登鳥嶺]

(영인본 24쪽)

동남쪽 한 고개에 매달린 주진主鎭18)
삼천 리 안에서 손바닥 가운데 같네
옥피리는 아직 소식 없어 가련한데
봄날의 봉화 지나치게 겁먹은 연기 몇 번이나 보았나
노송은 우거지고 용이 숨은 연못
지는 해는 아름답고 그 아래는 토끼벼랑 길
멀리 청운이 오가는 길 보이고
새와 꽃은 해마다 습관처럼 날 비웃네

---

18) 각 도의 병마절도사가 주재하던 병영.

둥근 부채를 읊다 [詠團扇]　　　　(영인본 24쪽)

홀로 황혼에 기대어 밝은 흰 달 기다리는데
누가 흰 달에는 청풍이 부족한 줄 알까나
잠시 둥근 부채 손에 잡으니
바람과 달이 손안에 있음을 누가 알랴

저산에 은거하다 [楮山幽居] 서문을 병기함(영인본 25쪽)

나는 젊었을 때 과거 공부에 종사하여 많은 심력을 쌓고 기울였으나 성취한 것이 없고, 젊을 때 지나치게 건장하여 부끄럽고도 또한 탄식하였다. 세歲 현익玄黓(임오년, 즉 1882년을 가리킴)의 해에 황상께서 궁궐에서 활쏘기를 보실 때 다행히 무과에 등용되었는데, 분수를 헤아려 볼 때 감격하였지만 평소 내가 기대하던 것은 아니었다.

아! 일과 때는 다만 명리名利의 장소에 나아가고 싶지 않았고, 고향 집안으로 돌아와 농사를 짓고 아들의 말을 들으며 아무 할 일이 없기를 바랐다. 우리 영남은 평소 산수의 아름다움이 많다고 칭해지는 곳이어서 마침내 뜻을 같이하는 한두 동지와 말을 갈아타며 지팡이를 짚고 두루 돌아다니면서 하루라도 족적을 멈추고 싶지 않았으니 그 흥취가 없지는 않은 것 같았다.

이에 나와 함께 노니는 사람이 나를 '요산樂山'이라고 호를 하였는데, 내가 웃으면서 "이 늙은이가 평소 산수에 대해 지나치게 즐거워함이 있으나 '요산'이라는 호칭을 어찌 감당하겠습니까. 성인께서 '인자仁者는 산을 좋아한다.'라고 하셨으니, 대개 산은 고요하여 움직이지 않는 것으로서 인仁의 본체가 있는 듯합니다만, 좋아한다는 것이 어찌 군자의 무리가 아니겠습니까. 나에게 있어서는 실제로 이름할 만하지 않습니다."라고 말하였다.

그러자 벗들이 나를 힐난하면서 "인한 사람이 따로 있어서 그대는 인자한 사람이라 유독하지 않는가. '선비는 현인이 되기를 바라고 현인은 성인 되기를 바란다.' 비록 감히 인자한 사람이라 자처하지는 못하지만 이것으로 스스로 기대하는 바탕으로 삼는 것이 무슨 참월(분수에 넘쳐 너무 지나침)하다는 혐의가 있겠는가."라고 하였다.

    나는 "예, 예."라고 하면서 더 이상 변론하지 못하였다. 오로지 푸르른 산에 거처한다는 의표로 스스로 비유하며 내 마음에 부끄러움이 없이 이에 따라 저산 아래에서 늙어 마친다면 낙으로 삼겠다고 말할 따름이다.

    내 본래 인仁하지 않거늘 어찌 산을 좋아할까
    다만 푸른 산에 기대 살펴 그윽한 것을 사랑하네
    멀리 살펴보며 높이 올라 휘파람 불고
    혹은 남은 꽃 감상하며 자고서 돌아오지 않네
    해로움 멀리하고 때때로 사슴 우는 소리 벗하여 따르고
    벗들이 다시 좋은 날짐승에게로 이끄네
    고위 관리에게 몸을 굽히느니 일 없음으로 돌아가
    장구히 이곳에서 늙을 것을 생각하노라

진성로와 함께 보현산을 유람하다
[與陳星老遊普賢山]　　　　　　　　　　(영인본 27쪽)

온 경내는 큰 봉우리 넘어 하늘에 닿을 듯 우뚝하고
모이고 흩어지는 듯한 봉우리는 어느 군의 연기일까
추굴湫窟은 마치 용이 뛰는 곳일 듯 넉넉하고
가파른 벼랑에 멀리 놀란 송골매는 산꼭대기를 나네
천고부터 신령과 상서로움이 생겨난 후이고
유객遊客이 노정을 몇 번이나 묻기 전이네
노는 날 그대와 함께 산에 올라 취하고서
시 주머니 수습하여 달을 데리고 돌아오네

아사雅士 김귀락과 동래를 유람하며 부산 바다를 바라보다 [與金雅龜洛遊東萊望釜山海]

바다는 우리나라에서 나와 땅이 끝난 곳
늘 귀로 듣고서도 오히려 자세하게 보았네
붕새가 비록 구만리를 날아가나 한도를 어찌 알리
강건한 발걸음으로도 일생 닿기 어려운 섬이리
평평한 땅에서 몇 배를 비교해 보겠는가
먼 하늘 지극히 큰 것이어야만 하나의 무리가 되리
집에 돌아가서 그것이 어떠한 사물이었냐고 물어보면
시로도 형용하지 못하고 그림으로도 담지 못한다고 하리

돌아가는 길에 영남루에 올라가다
[歸路登嶺南樓] 2수

①
그대와 함께 영남루에 재촉하여 올라가니
눈에 온통 들어오는 구름 몇 해나 지났던가
다소의 풍광을 다 보진 못했어도
바쁘게 돌아오는 길에 이별의 시름 마음 아프네

②
누각에서 헤어지고 살구꽃 핀 집에서 술 마실 때
다시금 고개 돌려 바라보니 해가 기울려 하는구나
만약 지금의 유람에 무슨 소득 있냐고 묻는다면
아름다운 문미의 걸출한 문장 크게 음미해 보았다네

무신년(1908) 사월 어느 날 달성에 올라 조망하다 [戊申四月日登達城眺望]　　(영인본 28쪽)

조화옹이 신령한 도끼로 옛날 어느 해에
금성탕지金城湯池19) 요새를 오목하게 만들었나
전보가 때때로 울리면 먼 곳이 통하고
기차 연기 쌓였다가 맑은 하늘로 솟구치네
그늘 찾은 무리 앉으니 온 사람이 짝하고
빼어난 흥에 높게 시 읊는 운객韻客이 연회를 베푸네
서울 소식에 귀 먼 농사짓는 늙은이 귀에
어리석은 칠실七室20)의 근심 정말 가련하구나

---

19) 쇠처럼 단단한 성곽과 끓는 연못 같은 해자에 둘러싸인 성. 방비가 빈틈없이 견고하다는 뜻.
20) 종묘에서 위패를 봉안하는 방. 종묘를 상징하는 방으로서 여기서는 '나라 걱정'을 뜻함.

장교준 낙안과 함께 금곡사에 피서하다
[與張樂安 敎駿 避暑于金谷寺]

황금 사찰 영롱한 불경의 세계
누가 흰 구름 흩트리고 가리었나
오리가 신발로 변한 승경 어디일까
늙은 학의 소나무 둥지에는 연도의 기록 없네
삶을 골똘하게 경영하느니 고해를 사양하고
맑고 시원함에 피서하며 물소리를 듣네
경전을 이야기하던 스님 한밤에 돌아가고
밝은 달 아래 종소리는 나그네 잠을 깨우네

고을 수령 황연수가 새 책력을 준 것에 하례하다 [奉賀黃侯 演秀 惠贈新曆] 2수 (영인본 29쪽)

1

이전부터 청백리의 세가世家21) 신하
수령으로 와 따뜻한 봄볕처럼 백성을 사랑했네
현가絃歌22)를 높이 부른 자유子游23)의 정치를 전하니
겨울을 이긴 매화도 들판 어리석은 백성에게 미소 짓네

2

종이 편지에 쓰인 비백체飛白體가 오두막집 밝히고
또 새로운 달력 시헌서時憲書가 왔네
산중에서 역법曆法을 아는 것이 어찌나 다행인지
농사 시기와 추위와 더위가 농사에 알맞다네

---

21) 여러 대를 계속하여 나라의 중요한 자리를 맡아 오거나 특권을 누려 오는 집안.
22) 거문고 같은 것에 맞추어 부르는 노래.
23) 공자(孔子) 문하 십철(十哲)의 한 사람으로, 한 고을을 맡았을 때 음악으로 다스렸다고 함.

영산(창녕)의 청암리로 가서 선조의 묘소를 배소하고 척헌재에서 묵다
[往靈山靑巖里拜先墓宿陟巘齋] 서문을 병기함 (영인본 30쪽)

영산 취성鷲城의 동쪽 청암의 지역은 우리 선조의 무원婺源24)이며, 선조이신 의정공議政公과 모당공慕堂公 양세가 남긴 유풍과 유물이 있는 곳이다.

지금 이 불초한 후손이 어찌하여 선대의 고향을 버리고 일선一善의 파별이 되었는가. 대개 모당공이 이 고을에 수령을 하실 때 자손이 계속 머물면서 이름을 떨치지 못하였다. 아! 우리 뛰어난 선조의 후예가 회수淮水를 건넌 귤이 탱자가 되는 듯 영락하여 떨쳐 일어나지 못했으니 또 한번 개탄하는 바이다.

일선에서 영산까지 거리는 8사八舍(1사는 30리)이다. 거리는 멀고 정성은 미미하여 계속 찾아가며 성묘하고 배소하지 못하였으니, 어찌 자손의 도리이겠는가. 지금 서리 내리는 가을을 맞아 배소하고 여러 종친과 즐겁게 친목을 도모하고자 척헌재에서 묵으니 감회가 있었다.

  청암의 한 구역에는 누가 묻혀 있나
  우리 선조 천추의 봉분이 덮여 있네
  매년 성묘하고 쓸어도 비와 이슬에 젖고
  정신이 아른아른 어느 곳에서 조상 보이는 것 같네

---

24) 주자의 고향. 이후 주자와 정자를 제사하듯 근원이 되는 곳.

다섯 기둥 높은 척헌재의 자리 밝아
여러 고을 영락한 자손 모여 제사를 받드네
무덤가 소나무 삼나무 어루만지며 우러러보는 중에
기운이 감동하여 영령이 높게 계시는도다

더운 여름 장낙안과 다시 금곡사에 가다
[暑月與張樂安再到金谷寺] 서문을 병기함 (영인본 31쪽)

나의 본성은 무더위를 유독 두려워하고 헐떡거리며 겁을 내어 자못 참지 못하였는데, 사람들은 나를 오월吳月의 소와 같다고 놀렸으나 매번 세상이 무더워질 때는 집에서 먹지를 못하였다. 지금 한두 동지와 홍洪 스님에게 의탁하여 색상色相의 세속 바깥에서 편안히 노닐며 무더위를 멀리하고 불경을 토론하며 세상의 시름을 잊고자 한다.

적이 생각건대 문장에 뛰어난 훌륭한 선비가 부처를 따르고 공경스런 뜻을 올리는 것은, 마치 한창려韓昌黎(한유)가 승려 문창文暢에게, 또 석만경石曼卿이 승려 비연秘演에게 하듯 훌쩍 세속을 초탈하여 형체를 잊는 사귐과 같다. 유가와 불교가 서로 함께한다는 뜻은 서로 다른 취미가 있음도 아는 것이며, 마침내 두 건의 역서曆書를 보게 되는 것으로 귀결한다. 그러나 돈오頓悟(갑자기 깨달음)와 영각靈覺이 없이 여전히 속인이 되는 것이 한스럽다. 홍 선사가 나를 더위와 서늘함의 손님이라 하니 나 역시 희롱 삼아 시를 지었다.

다시 금곡사를 찾으니 무엇을 하려냐고 물어
온 세상이 용광로 같아 잠시 떠났다고 하였네
아래 세상 비릿한 내음 속을 모두 뒤집어 놓아
제천諸天(불교 세계)의 꽃비를 맞으며 수염을 씻는다 하였네

꿈속 같은 평범한 육신 모두 변화시켜서
식사 후 높으신 승려와 시를 푼다고 했네
가장 친한 벗은 신령한 불교의 공덕이 짐승에게까지 이르니
숲 너머 속인의 어리석음을 그만 조소하소

종형 진붕을 애도하는 만시 [從兄 鎭鵬 挽] 2수
(영인본 32쪽)

①
한방에서 즐겁게 담소한 지 사십 년 세월
연못의 푸른 풀이 꿈속에서도 향기를 품네
가정의 온갖 일 누가 이끌어 줄까
다만 우리 형이 큰방에 오래 있기를 믿었네

②
인자하면서도 효우하였으니 모두가 추숭追崇25)하는데
사람 사는 이 세상 현인을 귀신이 어찌 시기하나
붉은 명정 한번 가니 돌아올 날이 없고
청산에 통곡하며 기대 있다 나 홀로 돌아오네

---

25) 죽은 사람을 기리며 숭상함.

늦가을에 국화를 감상하다 [晚秋賞菊] (영인본 33쪽)

구월 구일 중양절이 이미 지났다고 말하지 마오
이 꽃이 피어 있는 날이 곧 훌륭한 때라오
정칙正則(굴원)은 밥 먹을 그릇도 없던 것 더욱 가련하고
도연명陶淵明(도잠)은 꽃잎 딴 뒤 가지는 애련하네
치우친 땅 성긴 울타리엔 사람들 적게 오고
늦은 향기는 찬비에 나비도 알지 못하네
내 나이 들며 너와 함께 쇠하고 늙으리니
아침마다 이슬의 농염함이 줄어들까 두렵구나

정진태 공을 애도하는 만시 [挽鄭公 鎭泰] (영인본 33쪽)

영남의 명문세족이 어느 가문이냐 묻는다면
손에 꼽을 것은 오천烏川26)의 벌열가閥閱家이니 기쁘다네
원류의 맥은 이전에 단 샘물처럼 흘렀고
문장 또한 비단 위에 꽃을 수놓은 것이라네
평생의 취미는 지초芝草27)가 혜초蕙草28)를 가련히 여기는 것이고
중도의 인연은 칡이 오이에 붙은 것이라네
강물이 황량해졌으니 나무와 구름이 한스러워하고
백아伯牙29)의 거문고 줄 끊어졌으니 어찌 한탄하지 않나

---

26) 경상북도 영일(迎日)의 옛 이름.
27) 버섯의 한 종류로 예로부터 상서로운 풀로 여김. 또는 그 뿌리가 약재나 물감으로 쓰이는 다년생 풀의 한 가지.
28) 콩과의 두해살이풀. 여름에 잎겨드랑이에서 꽃줄기가 나와 작은 나비 모양의 꽃이 피며 약재로 쓰임.
29) 중국 춘추시대 거문고의 명인. 그의 거문고 소리를 즐겨 듣던 친구 종자기(鍾子期)가 죽자 자기의 거문고 소리를 이해하는 사람을 잃었다고 슬퍼한 나머지 거문고의 줄을 끊고 거문고를 타지 않았다고 함.

고을 원 황연수를 송별하다 [奉別黃侯 演秀] 2수

(영인본 33쪽)

①

고을 원께서 피폐한 지역에 와 먼지를 깨끗이 씻고
산과 같은 공의 문하 담박하게 열었네
물러난 틈에 집의 버들을 읊고
봄을 감상하며 늦게까지 세밑 매화를 묻네
그대에게 보답하고자 한 주州의 꿈을 꾸었는데
그대는 원래 백 리만을 다스릴 인재가 아니네
수년간 다스림의 현가絃歌가 나중에 종적으로 남을 것이니
누각 아래에서 얼굴을 보며 몇 번이나 서로 쳐다보았네

②

공의 비문碑文 자유로이 많은 사람이 말하고
백세百世(오랜 세월)의 청풍이 오래도록 사라지지 않으리
아, 저는 빨리 나아가 뵐 수 없으니
노잣돈 가져온 부로父老30)들이 행차를 슬퍼하네

---

30) 한 동네에서 나이가 많은 남자 어른.

봄날 한적하여 서울을 추억하다
[春日閑寂憶京華]

차가운 창에 베개에 기대어 경성을 꿈꾸는데
궁궐의 버들은 푸르디푸르고 앵무새 한정 없겠지
오두막에서도 삼월의 저녁을 볼지니
태자가 주상에게 드리는 문안 오색구름 영롱하네
빗속에 위대한 이씨 왕을 하늘이 심어 배육하고
쟁반 위 향기 나는 미나리로 농사꾼의 정성 바치네
벼슬을 버리고 시 읊으며 영남으로 돌아왔는데
푸르고 푸른 북두성 드높이 바라보네

시어 권중락을 애도하는 만시 [挽權侍御仲洛]

(영인본 34쪽)

담박하고 호통한 풍류에다 온화하고 고아한 모습
우리는 두 눈으로 백 번을 만나도 반겼네
심양潘陽의 집안 우의 사귈수록 간절하고
종자기와 백아의 음악 소리 들으면 부끄럽네
궁궐에 아우 보내니 사마방에 올랐고
손자 공부시킴에 등불 밝히고 『춘추』를 안았네
머리가 흴 때까지 서로 따르자고 기약했건만
부질없이 슬픈 바람이 눈물을 떨구게 하네

최경식 대경을 애도하는 만시 [挽崔大經 坰植]

(영인본 35쪽)

옹翁의 가문은 대대로 벼슬하던 것임을 알았고
걸출한 공과 같은 인품은 또한 하늘로부터 돈독히 받은 것
운수가 있어 청운에 마침내 넘어져 버렸으니
무단히도 흰 머리 부질없이 늘어뜨렸네
백세토록 이웃으로 벗을 맺자 맹약했건만
망녕되어 전날 밤 괴이한 꿈으로 놀랐네
같은 방에 함께한 정 우애를 잊기 어려운데
저 하늘이 슬프게도 이별케 하니 눈물이 마구 흐르네

상사 권경택에게 시를 부치다 [寄贈權上舍 絅澤]

(영인본 35쪽)

멀고 가까이에서 농사꾼 따르려 행했지만
가리켜 말하는 것은 성균관의 태학생이네
계산桂山에서 한가한 곳 어디냐고 물으니
어찌하여 진사 생원 시험 영광을 창도할까 하네
낙동강의 청운이 여전히 생각을 끊고
남전藍田31)의 백옥白玉이 모두 소리가 없다 하네
옛 가르침과 연월煙月이 깊이 잠겨 있다고 하니
어떤 사람이 은미한32) 명성隱名 누설할까 두렵네

---

31) 중국 산시성(陝西省) 서안시(西安市) 동남방에 있는 현(縣)의 이름. 그 동쪽의 남전산 (藍田山)에서 아름다운 구슬이 났음.
32) 겉으로 드러나는 것이 거의 없음.

가뭄 끝에 내리는 비 [喜雨]　　　(영인본 36쪽)

한 달의 가뭄에 들판의 풀이 없으니
인자한 하늘이 어찌 사물 적시는 걸 아끼는가
이때 어떠한 사물에 서광이 있어
하늘 끝 감미롭고 진주 같은 비를 희망하네
창밖의 파초를 어찌 구휼할 수 없지만
논 사이에 심은 벼 이삭은 시들었다 고개 드네
신비한 공력 농부를 곧장 위로함이 아니지만
또한 군생의 병 시름에서 소생케 하네

병을 앓은 후에 [病後]

병을 앓는 가운데 계절이 지났다고 놀랐게 들으니
풍경을 보러 가려 한 것이 다 어긋났구나
가을의 골목길에는 여전히 버드나무 성기고
한 해가 저무니 옷은 옛날 입던 연꽃 옷이 그립구나
나는 한가히 거처하려고 일찍 벼슬을 사양했으니
누가 저서가 많은 목마름을 해결해 줄거나
지리한 침석에서 새롭게 머리를 빗기니
정신과 혼백이 나는 듯 병을 없앰이 즐거워라

가을밤에 진성로를 추억하다 [秋夜憶陳星老]

(영인본 36쪽)

성근 별 사이 기러기 보며 난간에 홀로 앉으니
정든 사람 멀리멀리 떠오르네
그대는 청오靑烏33)의 비결을 숨길 줄 알았고
나는 황국黃菊 음식의 맑은 향을 아꼈네
송옥宋玉34)처럼 몰락한 이후가 애석하고
은후隱侯35)처럼 이별의 어려움을 먼저 알겠는데
저산楮山의 볼 만한 오늘 달을
누구와 함께 술잔 들고 구경할까

---

33) 풍수 · 지관(地官)을 말함. 풍수지리학의 원조인 중국 한나라의 청오자(靑烏子)가 자신의 학문을 요약하여 『청오경』이란 책을 펴낸 데서 유래함.
34) 중국 춘추 전국시대 초(楚)나라의 문인.
35) 양(梁)나라의 시인. 병으로 허약해져 백일마다 혁대의 구멍이 바뀌고, 한 달 사이에 팔뚝이 반절로 줄었다는 고사가 전해짐.

병포암에서 유거하다[屛鋪巖幽居] 서문을 병기함

(영인본 37쪽)

갑오년(1894) 동학란 이후 은둔할 계획으로 두루 영남의 명승지를 돌아다녔는데, 모두 옥주沃州(충북 옥천)의 산이었으나 그윽하고 한가하게 몸을 의탁할 곳이 없었다. 도중에 방황하였는데 한두 벗이 은근하게 나를 청하여 말하였다.

"아! 선비가 은둔하여 공부하려 함에 하필이면 날아서 멀리 가려 하며 궁벽한 곳을 택하는가. 멀리 가지 않고서도 덕이 있는 사람의 은둔에 합치하면 족하오. 나의 귀산龜山 마을은 비록 이름난 명승지는 아니나 예부터 사령四靈(용·봉황·거북·기린)이라 칭한 명승지가 있고 또한 풍수지리의 비결이 있으니 이 사이도 은둔할 땅으로 마땅하니 얕고 가깝다고 말하지 마시고 잘 선택하오."

나는 이에 "예, 예."라고 답하고서 열흘 정도 사령의 경계를 둘러보았는데 부근에 용·봉황·거북·기린이라는 지명이 있었다. 왕왕 천석泉石에 몸을 닦을 곳과 임학林壑의 깊은 곳이 있어서 마침내 지팡이를 짚고 돌아다니다 다시 길을 따라 학소대鶴巢臺36)로 들어와 시 한 수를 읊었고, 저녁에는 인각사麟角寺37)에 들어가 묵었다.

다음 날 화산華山38)에 올라가 두루 유람하니 경내는 천연적

---

36) 경북 군위군 삼국유사면 인각사 바로 앞에 있음.
37) 경북 군위군 삼국유사면 화산에 있는 사찰. 원효대사가 창건했으며, 일연 스님이 여기서 『삼국유사』를 집필했다고 함.
38) 경북 군위군에 있는 산. 『신증동국여지승람』(의흥)에 "화산(華山)은 현의 동쪽 30리에

으로 금성탕지金城湯池39)를 만들었고 10여 리를 둘러싼 돌은 장군처럼 서있었다. 골짜기는 옥정玉井이라 하여 논에 물을 댈 수 있어 열 가구의 식구들을 충분히 먹일 수 있다. 북쪽으로는 성문이 있어 돌을 켜켜이 쌓아 놓았고 천연적으로 험한 데다 땅이 깔려 있으니, 이른바 한 사람이 막으면 만 명이 이를 열지 못한다. 옛날 용사龍蛇의 난(임진왜란) 때 주둔하였던 곳이어서 서애 류성룡 선생께서 오르신 흔적이 있었다.

저녁때까지 돌아다니다 내려와 잤다. 다음 날 인각사에 돌아와 다시 병암屛巖을 찾았는데, 10리의 푸른 절벽이 병풍처럼 펼쳐져 있어 한 지역에 살 수 있어 마침내 은둔의 계획으로 삼았다.

속세의 온갖 일이 사람을 얽매지 못하니
강호로 물러나는 늙은 몸을 묻지 말라
치솟는 구름에 시를 바치지 못해 아쉬우나
여전히 별을 받들 듯 멀리서 대궐을 쳐다보네
생애를 화전으로 일군 밭에 자유로이 다니며
한가한 정취 달 뜬 강가에 낚시하며 누구와 다투리
여기서부터 산으로 돌아갈 계획 이미 정해졌으니
바구니에 담은 금으로도 옥주沃州의 이웃 됨을 사지 못하네

있다."라는 기록으로 처음 등장함.
39) 쇠처럼 단단한 성곽과 끓는 연못 같은 해자에 둘러싸인 성이란 뜻이니, 방비가 빈틈없이 견고하다는 말.

환갑날 감회를 서술하다
[甲日述懷] 3수, 서문을 병기함 (영인본 39쪽)

무술년(1898) 11월 20일은 늙은이의 회갑일이다. 아이와 손자들이 경사라고 칭하며 연회를 베푼다고 들었다. 나는 즉시 불러서 말하였다.

"앉아라. 내 너희에게 할 말이 있다. 세속에서 말하는 생일잔치가 어찌 감상할 만한 날이냐. 늙은이의 일생 삶을 필설로 다할 수 있느냐. 일찍이 부모님을 여의고 풍수風樹의 눈물이 아직도 마르지 않았는데, 맏형은 외롭게 버려지고 홀로 된 자식은 잘 끝내지도 못할 사람이 되었으니, 마음이 답답하고 외로워 문득 즐거움도 없다. 하물며 부부의 인연도 박하여 건장한 나이에 줄이 끊어졌고, 결국 사궁四窮(홀아비, 과부, 고아, 늙어 자식 없는 사람)의 으뜸으로 늙었으니, 재앙은 하나만 오지 않고 또 영박嬴博(장례를 치르는 곳)에 이르는 마음은 타는 듯하구나.

평생을 생각해 보면 두려워하며 산 이 몸에 어찌 조금이라도 인간 세상의 즐거움이 있겠는가. 다시 인간 일생의 인과를 생각해 보면 실로 우연이 아니니 어찌 운명의 참혹함으로 무료하게 한평생을 마치겠는가. 이에 중년에는 떠돌아다니면서 박수를 칠 만하였는데, 망령되이 조그마한 재주로 세속의 격식 가운데 출몰하며 어리석은 구름과 내리는 비에 젖으며 서울을 드나들고 3년을 바빴는데 머리도 희어져 시를 바칠 자리가 없어 면목 없이 강을 건넜다.

마침내 뜻을 바꾸어 몸을 낮춰 궁마弓馬의 마당에서 시험을 보아 머리에 어사화를 꽂고서는 편안하게 금의환향하였는데, 사마상여司馬相如40)와 양자운揚子雲41)이 비웃지 않겠는가. 그러나 다시금 날아오르려 해도 길은 가시덤불로 막혔고 행랑에는 인삼과 백출이 모자라는구나. 아! 나는 어리석은 사람이지만 어찌 나라를 걱정하는 마음이 없겠는가.

돌아보니 청구靑邱는 북풍에다 눈과 비가 불행히도 가까이 왔다. 정다운 사람끼리 돌아가는 것은 지금 그 때가 아닌 것인가. 마침내 뜻을 함께하는 이들과 산수를 다니면서 일생의 즐거움을 행하는 것으로 삼아 분분한 세대를 잊고 싶다.

어언간 부모님께서 낳아 주고 길러 주신 날이 되는데, 너희는 비록 어린 아이들이나 마땅히 찬찬히 생각해 보아라. 나이는 많이 먹고 인사人事는 원만하지 않으니, 세상에 어찌 나와 같은 늙은이가 있겠는가. 내 차마 술을 차리고 손님을 불러 즐기는 것은 부끄럽다. 너희는 이해하고 잘 생각해 보아라."

아이와 손자들은 "예, 예." 하고서는 물러갔고, 그 말을 통해 이어서 시를 지어 말하였다.

1

배냇머리 희어지고 희어져 환갑이 돌아왔지만
낳고 길러 주신 부모님은 다시 돌아오지 않네
할미새(형제를 상징)는 어찌하여 외로이 날아가고
금슬은 가련케도 홀로 늙은 홀아비 되었네
빙분聘奔42)은 혹시라도 세 아들 한심할까 두렵고

---

40) 중국 전한의 문인. 그의 사부(辭賦)는 가장 아름답고 뛰어나 한(漢)·위(魏)·육조(六朝) 문인의 모범이 되었다고 함.
41) 한(漢)나라의 선비로서 학문이 깊었다고 함.

춤추고 기뻐하는 것은 한쪽 마음 상할까 하네
아비 잃은 외로운 자손 송축을 멈추게 하고
늙은이는 그대들 장수하기 바라며 늘 문을 닫을 생각이네

2

세속에서 벗어나는 길을 찾아 그만두지 못하고
인간의 만사가 조각구름처럼 아득하네
오사모烏沙帽43)에 학창의學氅衣44)는 여전히 생각 없고
자그마한 벼슬 누가 흰머리보다 낫다고 하였는가

3

억지로 아들과 손자에게 한 잔 술 받아 얼굴이 붉어지고
나와 소철나무는 많은 해를 보냈네
지금에 있어서야 장수함을 기대하지 않고
다만 남은 생애 무탈하게 지나기만 바라네

---

42) 예에 맞춰 장가가는 것을 빙聘이라 하고, 예가 없이 장가드는 것을 분奔이라 함. 여기서는 손님을 초빙하는 것을 말함.
43) 벼슬아치들이 관복을 입을 때 쓰던 모자.
44) 소매가 넓고 뒤 솔기가 갈라진 흰옷의 가를 검은 천으로 넓게 댄 웃옷.

비를 걱정하다 [悶雨]

집 밖의 천지가 물소리로 가득하니
열흘 동안 지척의 길도 끊어졌다네
요임금 때 홍수를 은나라 때 가뭄과 비교하지 마오
여전히 평생 동안 갠 날을 못 볼 듯하네

홍병식 치강과 함께 팔공산에 오르다
[同洪致岡 秉湜 登八公山]　　　　　　　　(영인본 43쪽)

우리의 이 행차는 변화함을 따지지 않으니
팔공산에 도착해도 아직 해가 기울지 않았네
가라앉았다 잠기는 도암道庵은 안개 속에 묻혔고
폭포를 건너뛰니 남은 노을 흩어지네
운근雲根(벼랑이나 바윗돌)은 움직이지 못해 천 년의 바위 되고
연계煙界에서 두루 여덟 군아郡衙45)를 보네
호랑이 움츠리고 용의 자취 사람이 볼 수 있으니
조물주가 아끼고 감춰 두어 누구에게 자랑하나

---

45) 고을의 원이 사무를 보던 관아(官衙).

문방사우의 시 [文房四友吟] 서문을 병기함 (영인본 43쪽)

내가 당자서唐子西(송나라 당경唐庚)의 「연명硯銘」을 읽어 보니, 날카로움과 무딤(銳鈍), 장수함과 요절함(壽夭)을 논하였는데, 진실로 그러하였다. 어찌 유독 붓과 벼루뿐이겠는가. 무릇 조물주가 만든 길고 짧음, 큼과 섬세함, 가벼움과 무거움, 넓음과 좁음 등은 체상體相이 같지 않고 각기 그 쓰임(用)을 따르는 것이다. 쓰는 사람이 많으면 요절하고, 쓰는 사람이 적으면 장수한다. 장수와 요절하는 사이에 혹 은원恩怨이 있는가. 그렇다면 장수하는 것은 조물주의 은혜인가, 사용하는 사람의 은혜인가. 또 요절하는 것은 조물주를 원망해야 하는 것인가 사용하는 사람을 원망해야 하는가. 나는 알지 못하겠다. 그러나 어찌 이를 은혜와 원망 사이에 붙일 수 있겠는가.

대저 사물이 예리하고 무딘 것은 그 용用에 따라서 체體가 되고, 쓰임에는 긴급한 것과 그렇지 않은 것이 있으니, 어찌 장수함과 요절함의 차이가 없겠는가. 차라리 예리하여 요절하되 무디어 장수함을 버려야 하는 것이 나의 뜻에 합치한다. 조화옹이 사물에 품부(선천적으로 주어짐)한 뜻과 만물이 품수받은 형태는 모두 그 사용됨을 즐기려는 것이니, 누가 그것을 장수하게 하기 위해 무디도록 하겠는가. 장인이 굽은 나무를 버리고 곧은 나무를 취하는 것은 쓰임에 적합하도록 하는 것인데, 쉽사리 이지러져서 나무가 둥근데도 장수하는 것은 또한 어찌 논할 만하겠는가. 그러나 당자서도 보지 못한 것이 있다. 동일한 물질이라도 쓰임에 그 오묘함을 다하지 못하면 공효功效가 현격히

차이가 나니 한스러워함이 없을 수 없다.

 아! 저 네 벗(四友)의 재질은 바뀌지 않지만, 쓰는 자의 교묘함과 졸렬함은 혹 난새(봉황과 비슷한 전설 속의 새)와 봉황이 나는 듯한 상서로움이 있고, 또 시험장에서 백지를 그대로 가져오면서 먹이나 빨아대는 비웃음이 있다. 백지를 그대로 가져오고 먹이나 삼키는 자에 있어서는 어찌 붓이나 벼루의 죄라 하겠는가. 이것이 한탄스럽다. 그렇지 않은 자가 있으니 사용하는 사람이 그 오묘함을 다한다면 세상에 어찌 물품의 고하가 있고 가치의 귀천이 있겠는가. 사물이 고르지 않은 것에는 사물의 실정이나 쓰는 사람의 교묘함과 졸렬함도 없을 수 없다.

종이 [紙]

닥나무가 바탕이 되어 면으로 단장하니
만고의 여러 책이 여기에 실려 전해지네
희고도 깨끗하여 평생 바뀌지 않음을 기약하고
몸을 바쳐 검게 물드니 가장 가련할 만하네

붓 [筆]

붓촉을 물들여 모사하니 조물주의 조화 빼앗고
상서로운 색은 영롱하니 구름과 무지개 당겨오네
공적이나 사적으로 교묘함과 졸렬함을 나누지는 않지만
천고에 알려진 명예와 평판 손에 따라 높고 낮네

벼루 [硯]

무수하게 갈리지만 본체는 자여自如하고
어느 집에 농사지어 먹건 녹이 여전히 여유롭네
친하거나 먼 시인 묵객 둔하다고 그만두어도
심장과 간을 다 드러내어 배가 이미 비었네

묵 [墨]

정수리와 발꿈치 갈려 그 몸이 다 갈리고
그림 그리는 일 어떤 사람이 진품을 택하였나
흑백이 분명하여 눈에서 벗어나기 어렵고
연기구름 흩어지고 이어져 정신을 드러내네

여행하는 도중에 아이들이 마음에 걸리다
[旅中懷兒孫] 2수, 서문을 병기함 (영인본 46쪽)

나는 근래 무료하여 아이들에게 집안일을 의탁하고서 동남쪽의 산수에 머물렀다. 그러나 가슴속에 잊힐 수 없는 것은 그 어리석은 아이에게 억지로 촌의 서숙으로 가도록 했는데 짐짓 딴짓을 하지 않을까 하여 보이지 않을 때 도모하였다. 매번 여행 때 베개를 베고 누워도 잠을 자지 못하고 마음에 잊히지 않으니, 늘 등불 심지를 뽑으며 시를 읊어 소일거리의 바탕으로 삼는다.

1

성긴 별과 밝을 때까지 뜬 달에 객창은 가을이고
잠 못 이루고 시름하는 사람은 멀리까지 나들이하네
모든 일 가운데 우리 집안의 가장 중요한 염려는
어리석은 손자들 학업을 어느 정도 닦았는지

2

지금은 학문에 뜻을 두어 스승을 따라야 하니
더 이상 어리석게 먹을 것만 찾을 때가 아니라네
손님이 기쁘게 맞이하여 잘 대우해 주니
곧장 남은 힘에 따라 다시금 시를 보네

단오 [端午]

하늘에 좋은 계절 돌아왔다고 들으니
집집마다 선조 사당에 새 술잔을 올리네
천추에 바르다면 영혼이 응당 왕림할 것이고
맹상군孟嘗君[46])의 생일 5월 5일이 다시 오네
기쁘게 앵두와 복숭아를 주니 고운 옥처럼 구르고
수양버들에 매어 놓은 그네 타니 제비 꾀꼬리 시기하네
한 해의 풍년을 다투어 증험하듯 단오의 비 내리니
다만 단비에 기장과 벼 잘 심기를 바란다네

---

46) 중국 전국시대 제나라의 공족(公族)이며, 사군(四君)의 한 사람(?~B.C. 278). 천하의 인재를 초빙하여 식객이 삼천 명에 이르렀다고 함.

박선일, 김노언과 화산에 오르다
[與朴善日金魯彦登華山]

평평하게 깔린 정상 금쟁반을 받든 듯
들도 아니고 산도 아닌 귀신의 솜씨로 깎아냈네
여전히 사는 사람 있어 구름 이랑 경작하고
우연히 온 속세의 객은 구름 난간에서 자네
임진왜란의 오랜 시간 장군들은 다 갔지만
원숭이 학과 같이 자연에서 살자는 맹세 은자가 편안하네
성의 돌을 어루만지며 지금 묻고 싶나니
천추에 말 없는 푸른 이끼 차가워지네

인각사47) [麟角寺]　　　　　　　　　　(영인본 48쪽)

인각사의 절벽 병풍 별천지를 이루고
참된 본성 찾으려고 절 앞으로 들어가네
금부처의 아미타불
분으로 얼굴 단장한 아리따운 나한의 선禪
보리수에는 봄이 깊어 꽃이 다투어 목욕하고
제천諸天에 달이 숨어 학이 외로이 졸고 있네
불가에는 조금의 속됨도 없으니
사물과 사물이 와서 색으로 교류함에 곱기도 하네

---

47) 경북 군위군 삼국유사면 화산에 있는 사찰. 원효대사가 창건했으며, 일연 스님이 여기서 『삼국유사』를 집필했다고 함.

학소대[48] [鶴巢臺]

대의 이름 천 년에 이르도록 학소라 얻었으니
학과 높은 대는 모두 서로 떠나지를 못하네
학의 뼈와 소나무의 심지는 불성과 통하므로
속인들은 익숙하여 감히 서로 살피지 못한다네

---

48) 경북 군위군 삼국유사면 인각사 바로 앞에 있음.

단계 하위지 선생의 묘소를 지나며
감회가 있어 [過丹溪河先生墓有感] 2수, 서문을 병기함

(영인본 49쪽)

상산(상주)에서 돌아오는 길에 무을舞乙(선산)을 지나게 되어 마침 선생의 묘소를 배알하고 지팡이를 놓고 배회하다가 깊은 느낌의 뜻을 덧붙여 시를 읊었다.

1

어떻게 차마 그해 노량진의 이야기를 하겠나
영혼은 영월로 가고 유골은 모래밭에 묻혔네
공경해야 할 관과 신발은 어느 곳에 감추었나
일선一善의 소나무 삼나무가 고향이라네

2

한 몸과 같은 군신의 분함과 한스러움이 같으니
쓸쓸히 백세의 두견새가 입을 닫았네
천고의 묘문墓門49)을 사람들은 반드시 본받을 것이니
따가운 햇볕 차가운 서리 가슴속에서 일어나네

---

49) 무덤 앞으로 들어가는 어귀.

좌랑 소산 권용을 애도하는 만시
[挽權佐郎巢山 鎔]　　　　　　　　　　(영인본 49쪽)

각 조상의 집안 명성 또한 높고 높았고
풍범(모범이 될 만한 풍채)과 의기는 진중하고 기운 또한 우러러보네
경전을 읽음에는 문형文衡50)과 같은 솜씨였으나
낮은 벼슬 좌랑 밖에는 미치지 못해 안타깝네
늘그막에 인연이 길다고 헤아렸는데
유명 간에 헤어짐이 어찌 이리 바쁜가
설령 서로 생각하여도 어찌 서로가 보며
머리 돌려 무덤 보니 눈물에 서리가 맺히네

---

50) 저울로 물건을 다는 것과 같이 글을 평가하는 자리라는 뜻에서, '대제학'을 달리 이르던 말.

중양일에 동지와 함께 아미산에 오르다
[重陽日伴同志登峨嵋山] (영인본 50쪽)

아미산에 느긋이 오르니 상쾌하고 시원하며
백 명의 사람이 너럭바위 위에 앉을 수 있네
누가 술을 마시면서 시를 짓지 않으랴만
산에 오르는 나그네는 늘 고향이 생각나네
봉우리 칼처럼 뾰족하여 여전히 늠름하고
석문石門 깊이 파여 무엇을 덮고 감추는가
노란 국화는 머릿가닥 흰 것을 비웃을 테고
울면서 비춰 봐도 원래 늙음을 돌리지 못하네

제석 [除夕]　　　　　　　　　　　　　　(영인본 50쪽)

한 해의 끝이 다만 하룻밤
집집마다 풍성한 복으로 온갖 등을 밝히네
삼천리 안이 모두 같은 저녁
오십 년여에 또 이 밤이네
새로운 영광을 축하하니 봄이 함께 올 것이고
이전의 재액은 눈처럼 사라지네
아이 불러 도소주屠蘇酒51)를 따르게 하니
온갖 생각 방황하여 아침 오는 줄 모르네

---

51) 정조차례(正朝茶禮)를 마치고 온 가족이 둘러앉아 함께 나눠 마시는 세시주(歲時酒). '사악한 기운을 잡는 술' 또는 '사악한 기운을 몰아내는 술', '악귀를 물리치는 술'

매화 [梅花]

뭇 꽃들에 비교하면 속임이 없고
미인은 그대를 어리석다 도리어 질투하네
보고 보아도 속세의 사물이 아니니
대궐문과 요지瑤池(신선이 사는 곳)에 자태를 합치하네

정월 대보름에 압곡사를 유람하다
[燈夕遊鴨谷寺]　　　　　　　　　　　　　　　(영인본 51쪽)

항하恒河52)처럼 윤택하게 할 비가 내리고
등은 쓸쓸한 절을 밝히네
불야不夜의 강산은 얼마나 큰 세계인가
어지러운 불꽃은 천지를 밝히면서 깨끗하여 바람 없네
정성을 올리는 남녀들은 모두 승려의 본성이고
고요함에 울리는 닭소리 종소리는 속세 소리 멀리하네
천고에 이르도록 여래께서 덕을 많이 베푸시고
지극한 자비에도 공덕에 보답할 길이 없네

---

52) 인도 북부를 흐르는 강. 히말라야산맥에서 시작하여 힌두스탄 평원을 거쳐 벵골만으로 흘러 들어가며, 힌두교에서 숭배 대상이 되는 유명한 강으로서 유역에 사원이 많음.

「이소경」을 읽고 감회가 있어
[讀離騷經有感] 2수　　　　　　　　　　(영인본 51쪽)

1

누구를 위하여 굴원의 혼백을 어호魚湖에 장사했나
어리석음을 밝히지 못한 달만이 외롭네
천 년을 초혼하여 위로하려 다투어 날을 보냈지만
군왕으로 조문하는 자가 유독 왜 없는가

2

은나라 기자도 옛날의 종신宗臣이며
명을 알고도 돌아감이 드문 것을 공자는 인仁이라 하네
나라의 어려움에 아무런 효과도 없이
어찌하면 몸과 의리 둘 다 보존할까

도정절의 「귀거래사」를 읽고 느낌이 있어
[讀陶靖節歸去來辭有感] 2수

1

선생은 혹 가난한 벼슬을 하더라도
우독郵督은 구구하게도 부끄럽기 부족했네
부유함을 사양하고 빈한함에 거하는 것이 마땅한 직분
어찌 허리를 굽혀 돌아옴에 상관하랴

2

혹 선생이 국사國仕가 되셔서
나라가 위태로워 명을 받으면 사퇴하지 않네
마땅함은 나라와 함께 편안하고 근심하며
이기거나 짐에 있어 한결같이 절개를 지키네

경주에서 옛 자취를 생각하다 [東都懷古]

(영인본 52쪽)

박씨 석씨 김씨 군왕이 옛날에 올랐는데
안개구름은 다만 저절로 갔다가 머무르네
삼천의 방리方里가 상전벽해 되었지만
사십팔 왕의 능에는 봄풀이 푸르네
흐르는 물과 푸른 산은 옛일을 응당 기록할 것이나
떨어지는 꽃과 지저귀는 새는 물어도 대답 없네
당년의 종과 피리는 어디로 돌아갔나
날 저물어 길 가는 이 회포를 이기기 어렵네

당나라 때의 팔사마[53] [唐之八司馬] 서문을 병기함

(영인본 53쪽)

봄날 낮에는 한적하였지만 손님 때문에 번거롭고 마음이 어수선하여 잠시 물러 나와 베개에 기대어 『당사唐史』를 보았는데, 간당奸黨인 팔사마의 칭함에 이르러서는 모르는 새 탄식을 하였다.

여덟 선비 가운데 여섯 사람은 증거를 들 만한 것이 없어 억지로 논변하지 못하겠지만, 오직 유우석劉禹錫과 류종원柳宗元은 내가 그 문장을 좋아하거나 영합하지 않는다. 그 문장을 읽고 그 사람을 생각하니 천고에 훌륭한 명성은 얻지 못한 것 같다. 그러나 세상을 만나지 못했다는 마음에 급급하여 미칠 듯이 서로 추장推獎하고 스스로 이윤伊尹과 주공周公, 관중管仲과 제갈량諸葛亮처럼 허여하고 시대를 거슬렀다.

이 사람들에 대한 평가는 진실로 과대되었음을 마침내 목도할 수 있고 간당이라고 쓸 수 있으니, 여덟 선비는 또한 심하지 않은가. 설령 혐의를 받는다고 하더라도 그 행적이 드러나지 않으니 어찌 갑자기 명성을 높여 줄 수 있겠는가. 삼가 좁은 의견을 제시하고 시 한 편을 짓는다.

---

53) 당나라 순종 때 왕숙문(王叔文)과 함께 먼 곳으로 좌천당한 여덟 사람을 말함.

당나라 간당이던 팔사마
평필評筆54)이 천추토록 여전히 놀랄 만하네
참됨과 거짓으로 비판하는 마음은 비록 법도가 있었으나
조금의 문채로는 자개 비단 무늬 분명하지가 않네
이윤과 주공, 관중과 제갈량처럼 서로 높이고
당시 혹 이름을 훔쳤다고 착각을 했네
시대를 만나지 못했다며 말을 실천하지 못하고
의심이 일말이라도 나면 두 눈을 굴리네
그 가운데 유우석과 류종원을 더욱 한하니
서적 속에 그 마음이 아울러 나타나네
시대의 풍조에 무단히도 당목黨目55)을 치올리니
영묘함은 응당 깜짝 놀라며 다투었다네
물고기의 눈이 밝은 달을 속인다고 말하지 말라
혹시라도 흐르는 물이 위수의 맑음을 흐린다 하더라도
후대에 누가 이 몸에 죄를 줌을 알겠는가
내가 영합하지 않는 것이 참된 정인 것인지

---

54) 평하는 글을 쓰는 붓.
55) 당파(黨派)의 색목(色目).

류종원의 글을 읽다 [讀柳大家]　　　(영인본 54쪽)

강직한 문사는 성정에서 나왔고
사람 받아들여 잘못을 기술하여 명성이 남았네
어떻게 춘추의 필법을 잡고서
의심스런 일 물리쳐 밝은 달로 증명했네

병암이란 신령한 곳 [屛巖靈境]　　(영인본 55쪽)

십 년 세월 세상을 방랑하다
병암으로 돌아와 지팡이 멈추고 쉬네
아름다운 처녀의 눈썹이 조각달에 걸린 듯
장군석은 뾰족한 봉우리에 깎은 듯 서 있네
방문하는 사람 없어 구름이 깊게 닫으니
속세의 소리 물리치니 물이 귀를 멀게 하네
절벽의 신령함 속에서 담박히 생애를 보내니
하늘 가득 풍우는 나와 상관이 없네

칠석 [七夕]   (영인본 55쪽)

일찍이 이별하니 흰머리만 늘었고
서글픈 여름 귀신 보내는데 서럽지 않네
금정金井56)의 오동은 절개 있는 잎을 알고
은하의 오작교는 누구를 위해 다리를 만드나
아내와 함께하여 전각에서 오래 살고
천손天孫(직녀성)의 꿈과 더불어 하룻밤을 모이네
칡베로 훨훨 날아 추위가 오려는데
수심 머금은 젊은 부인 붉은 아름다움 거두네

---

56) 묘(墓)를 쓰려고 판 구덩이.

거울을 보다 [覽鏡]

(영인본 56쪽)

청춘을 비춰 보니 의심스럽지 않고
곁에 있는 사람이 호남好男이라 다투어 말하네
애오라지 달을 비춰도 지금과 옛날이 없음을 알겠지만
이 얼굴은 어찌하여 건장한 때와 다르던가

옛일을 생각하다 [懷古]　　　　　(영인본 56쪽)

반평생 공부한다면서 잘못되었고
어리석은 계획 인간세에서 평소 마음 어겼네
세상을 바라보며 다투다가 흰머리만 늘었고
해마다 객이 되어 황금을 흩뜨렸네
용 잡는 데 실수하여 탄식으로 옛날을 보내고
후회하면 남은 향기 어찌 지금 후회하나
누가 늘그막에도 늦지 않다고 말하는가
천추에 계획 없어 시간에만 묶였네

김경용 성도를 방문하다 [訪金聖度 炅容]

(영인본 56쪽)

서대초書帶草를 고쳐 따라 풀 향내를 찾고
친구를 좇아 봄산의 좋은 새소리를 찾네
신발과 지팡이를 신고 짚고 하루 걸음으로 따르니
훌륭한 시를 짓는 그대가 부러워라
때에 어긋난다며 초가집에 함께하니
발걸음 따라 성시의 버들 그늘 무엇이 안 될 건가
십 년의 홍진 속에 노인이 돌아가니
단발에 꽃 비녀 꽂은 것이 여전히 부끄럽네

김성문 치백을 애도하는 만시 [挽金致伯 成文]

(영인본 57쪽)

늘그막에 십 년을 서로 따르면서
형이 아니면 형제처럼 그랬을까
꽃 피는 아침과 달 뜨는 저녁 서로 시를 읊으며
보리밥에 야채국을 함께했다네
먼 바다에 전날 학이 놀라는 꿈을 꾸고
한식에는 빈산에 두견새 슬피 우네
친구 떠나니 천지에는 거문고 줄 끊어지고
종자기鍾子期57)가 무심하게 다시 줄을 다루네

---

57) 중국 춘추시대 초나라 사람(?~?). 당시 거문고의 명인이었던 백아(伯牙)의 친구로서, 백아의 거문고 소리를 잘 알아들었다고 함. 종자기가 죽자 백아는 자기의 음악을 이해해 주는 이가 없음을 한탄하여 거문고 줄을 끊고 다시는 거문고를 타지 않았다고 함.

눈을 읊다 [詠雪]

눈이 펄펄 날려 창밖에 어지러이 가로지르고
긴 밤에 달이 온 집에 밝게 비치네
궁산에 깊이 가득히 돌로 덮이고
영롱한 고목에는 눈꽃이 피었구나
젖은 논두렁에 신발이 어찌 아까우랴
희게 질투하는 은빛 장식 집 안이 사치하네
가동에게 분부하여 눈을 쓸지 말라 하고
큰 노래에 영 땅에서 모두 자랑할 만하네

모기 [蚊虻]

어느 곳에 깊이 숨었다 저녁에 나타나나
우레와 같이 서로 모여 서로 연관된 것 같구나
어찌하여 죽음을 잊고 소매 속으로 들어오나
괴이하게도 평생 연기를 유독 싫어하네
비로소 아침에 모두 종적을 감췄다고 믿었지만
원수처럼 밤에 또 찾아오니 잠자기 힘들겠네
가난한 선비는 가을바람을 좋아하지 않지만
다만 너를 보냈다는 것을 가장 먼저 듣네

팔월 초하루 선대의 묘에 성묘하다
[八月初吉省先墓]   (영인본 58쪽)

새로운 가을 이슬을 느껴 선대의 묘에 참배하고
가동을 시켜 흩어진 풀들을 쓸게 하였네
무수한 공산의 나무꾼과 목동이여
무덤을 밟지 않게 더욱 신칙58)하라

---
58) 단단히 타일러서 경계함.

돌아오는 길에 당시를 차용하여 넓고 넓은 들판의 풀이라는 시를 짓다
[歸路用唐詩漠漠野田草韻] (영인본 58쪽)

산에 드문 우역禹域(중국)의 무덤에 자란 풀

날마다 소와 양이 큰길을 밟는 것을 보도다

후손이 없으면 영묘하지 않아 모두 가련하니

천추토록 백양나무 늙게 하지 말라

장형의 환갑 축하 시에 차운하다59)
[次張兄晬宴韻]　　　　　　　　　　　(영인본 58쪽)

우리는 이 늙은이가 장수하는 것을 부러워하지 말라
평생토록 선을 쌓은 덕이 있으니
아무런 탈 없이 형제가 벗들에게 사랑받고
함께 조율한 금슬 또한 모두 조화하였네
덕성德星이 각 집안을 환하게 비추니
경사스러운 날은 특히 노경老境(노년기) 속에 많다네
일찍이 빙도冰桃를 얻어 당상에 올리고
뜰 앞에 색동옷 입고 춤추는 자 다 신선의 아이

---

59) 남이 지은 시의 운자(韻字)를 따서 시를 짓다.

추석 [秋夕]

(영인본 59쪽)

중추의 오늘은 가장 아름다운 절기
새롭고 향기 나는 과일 제사에 올리네
신라의 궁을 상고하니 전하는 말이 있는데
가배의 길쌈 풍속은 젊은이도 안다네

추석 다음 날 [仲秋旣望]

일 년 가운데 달이 가장 밝은 날
기후는 겨울에 앞서고 여름 또한 지나갔네
적벽에서 거듭 놀며 보낸 이날 밤
소선蘇仙(소동파)의 천고 한이 어떠하리야

양산 [洋傘]

저기 많은 일산은 한 가지가 특이하니
가벼운 사치는 바로 귀인이 지니기에 합당하네
멀리 길을 갈 때도 서로 싫어함이 없고
비가 오든 날이 맑든 가리지 않고 모두 마땅하네
움츠린 박쥐 모양의 형태가 펼쳐지며
바람이 불어 새 꼬리처럼 들쭉날쭉하네
몸에서 쓰이는 것으로 시간의 적합함을 보니
군자의 공부하고 머무는 것을 모두 알 수 있네

매화 대나무 병풍 [梅竹屛]

매화는 늘 잠시만 봄날인 것을 원망하여
평생 대나무가 봄을 보존한 것을 흠모하네
어떤 이가 탈화脫化하여 옮겨 그렸나
붉고 푸른 것이 모두가 긴 봄이라네

등백도 [鄧伯道] 2수, 서문을 병기함 (영인본 60쪽)

　내가 막 손자에게 『소학』을 가르치다가 등유鄧攸(등백도)의 일에 이르렀다. 그런데 망령되어 억견을 붙여 시를 읊으니 참월60) 할까 두려울 따름이다.
　진晉나라 등유는 석륵石勒의 난에 두 아이를 이고 지고 도망하였는데, 두 아이를 다 살릴 수 없었다. 마침내 자신의 아이를 버리고 갔는데, 끝내 후사가 없었다. 이때 사람들이 슬퍼하였고, 나도 역시 의롭다고 생각했다.
　그러나 공사公私와 후박厚薄에 인정이 없을 수 없다. 백도의 정으로는 두 아이를 모두 데리고 가려 했는데, 만약 두 아이를 살리면 다행이지만 불행히도 둘 다 잃었다. 이날 실제로 잃지 않았다면 나에게 도가 있는 것이다.
　아! 백도가 비록 향당鄕黨61)에서 명예를 요구한 것은 아니고, 친속에게서 혐의를 피하였다. 그러나 나는 아마도 그가 공사와 후박의 도를 잃었다고 생각한다. 혹자는 "천도를 앎이 있다면 마땅히 그 후사가 없는 것은 잘못이다."라고 하였다. 그러나 어떤지 나는 알지 못하겠다.

---

60) 분수에 넘쳐 너무 지나침.
61) 자기가 태어났거나 사는 시골 마을. 또는 그 마을 사람들.

1

인자함을 해친 것으로 등백도만 한 사람이 없으니
먼저 도적의 칼날을 의심하여 스스로 아들을 버렸네
아들은 박하게 대하고 조카는 두터이 대하니 진실로 무슨 일인가
명예를 구하고 혐의를 피하는 일도 그러하지 못했네

2

아들을 버린 것이 현명한 듯하나 오히려 둘 다 보존하지 못하고
때에 임하여 지나침은 없었으나 생각에 치우침이 있었네
차라리 둘을 다 잃는 것이 이보다도 어려우니
천고의 평이 한스럽고 가련함을 밝히리라

『시경』의 「주남」과 「소남」을 읽고 [讀詩周召南]

(영인본 62쪽)

「주남」과 「소남」의 조화로운 기는 완미할수록 아름다워
모르는 새 봄바람이 불어와 뺨을 스치듯 하네
자손이 번영하는 천 년의 뿌리가 어디 있겠나
「관저」 한 편의 덕을 심음이 심원하다네

「정풍」과 「위풍」을 읽고 [讀鄭衛風]　　(영인본 62쪽)

약을 씀은 마땅히 정나라의 음란한 소리를 버리듯 해야지
온유한 향리에서 인정을 쓸어 버리네
중요한 것은 후학들이 징험하는 거울이 돼야지
변화가 극심한 노래는 되돌릴 수 있는 것이 아니네

변아(『시경』「대아」「소아」의 일부)를 읽고 [讀變雅]

(영인본 62쪽)

성왕의 유풍은 세상이 오래돼도 마땅하지만
말세에 이르면 나그네 마음 탄식하고 고생하네
저 교묘한 언설을 들으면 문지기 환관이 병이 나고
아프면 매번 하늘을 부르며 즐거움 주기를 바라네
땅을 쓸며 어버이 생각해도 봉양할 틈이 없고
나라 걱정에 잠을 이룰 수 없네
인자한 군왕이 있으면 차마 백성을 사라지게 할 수 있나
고달프게 평을 하고 천고의 일 밤에 읽어 등을 밝히네
흐르는 눈물 막지 못하고 시를 편집하는 것이 옳으니
성인의 뜻은 「대아」「소아」 바르게 하면 차운하는 데 있네

초승달을 노래하다 [詠初月]   (영인본 63쪽)

형체와 그림자에 흰빛 처음 생겨날 때
어두운 색은 어떻게 점차 변해 가는가
거울을 마주한 가인이 갑을 반쯤 연 듯하고
낫을 지닌 나무꾼이 허리에 비껴 찬 듯하네
장차 부귀가 오히려 손해를 불러들일까 봐
처음에 텅 빈 듯 겸손하고 다시 차오르네
보름달 달빛은 아직 멀기만 하나
완성되지 않아도 형통할 것을 알겠네

동락을 유람하다 [遊東洛]   (영인본 63쪽)

유람객과 꽃을 찾아 낙수가에 이르렀으나
선현의 정신은 물을 곳이 없다네
명사십리 눈처럼 펼쳐져 있으니
당년의 화려한 경치가 새롭구나

추망 [秋忙]　　　　　　　　　　　(영인본 63쪽)

원래 날짐승과 길짐승은 함께 살지 않고
저물녘 궁벽한 산에서 다행히 그대와 있네
푸른 산은 말없이 익숙한 모습을 알고
누른 꽃은 약속에 부응해 술잔에 잠겨 취하네
다년간 나그네 생활 누가 헤아리겠나
반평생 함께한 벗 부지런히 찾아주네
담박한 벗 없다면 도리어 일이 생겼으리니
맑은 낮 고향 생각에 꿈에서 구름을 보네

유학산[62] [遊鶴山]　　　　　　　　　(영인본 64쪽)

이전 사람 학이 돌아온 걸 보았는데
이 땅은 비어 학이 노니는 산
학은 가고 사람이 돌아와 오직 산만 남으니
산은 어찌 늙지 않고 벽운만 창창한가

---

62) 칠곡군 팔공산맥의 서쪽 끝에 있는 해발 839m의 산.

조양각에 올라 삼가 포은 정 선생의 시에 차운하다 [登朝陽閣謹次圃隱鄭先生韻]

열흘 동안 바다를 돌고 남쪽으로 돌아
이 고을로 돌아와 화려한 전각을 여네
고려 대代의 산천은 지금도 여전하고
포은 선생 일월도 여전히 전해 오네
하늘의 구름 그늘 산수에 드리우고
산 가까이 봄빛은 술잔에 드리우네
성대한 세상 아름다운 계절 물을 곳 없는데
어찌 지팡이 혼자 배회하려 남겨 두나

금오산에 오르다 [登金烏山]　　　　(영인본 64쪽)

보이는 것은 다만 푸른 산
강우江右의 뛰어난 놀이 여기를 문지르네
복되게도 야옹冶翁(길재)이 절개를 높인 곳
지금 사람들이 금오산이라 말하네

농가의 소 키우기 [田家牧牛]

(영인본 65쪽)

칼 던지고 성남에서 너를 사서 돌아와
봄이 돌아오니 목초가 향기롭네
아침 서늘하여 밭 다 가니 연기 쉬고
날 저물어 몰고 돌아오니 비가 나리네
보리 이삭 시장에 나와도 살 생각이 없고
복숭아 숲 근처 들에 풀어 놓고 살지우네
암컷을 키워 도주공陶朱公(부자)의 술법을 기대하지만
번화한 꽃은 부자 되기 드물다네

가을날 그윽한 회포 [秋日幽懷]　　(영인본 65쪽)

초목은 나처럼 또 서리를 맞고
울타리 밑에 국화는 향기롭네
도연명 노인이 가서 해는 저녁이 되니
누군지 모르겠고 다시 술잔을 드네

박선일이 방문하다 [朴善日見訪]   (영인본 65쪽)

원래 짐승과는 함께 무리 짓지 못하는 법
해 넘은 궁산에 다행히 그대와 함께하네
푸른 산봉우리 말 없지만 면목은 관습되고
누런 꽃에 벗하여 술잔을 드네
여러 해 나그네로 누구와 함께 지냈는가
반세半世토록 거문고 논하면서 나를 찾은 근면함
친구와 담론하지 않아도 여전히 일이 있고
고향 생각나는 맑은 날이면 꿈에서 구름 보네

산골짜기에서 곧장 읊다 [峽中卽事]　　(영인본 66쪽)

골짜기 움푹 파여 하늘만 보이는데
늦가을 붉은 잎 참으로 가련하네
지금 산 밖은 어떤 세상인지 모르니
화서華胥 황제黃帝는 꿈속의 일이라 말하리

거위를 키우며 시를 남기다
[畜鵝遺贈吟] 서문을 병기함

내가 깊은 골짜기에 우거하니 손자가 나의 적적함을 위로하려고 암수 거위를 사서 길렀다. 얼굴이 익어 사람들과 함께 다니고 능히 그 주인을 알아보니 감상하고 아끼는 동물로 삼았다. 마침 추운 겨울날 어떤 지나가던 길손이 추위를 무릅쓰고 문을 두드렸는데, 굶주림이 심하고 옷이 얇았다. 며칠을 머물게 하였는데 안타까워서 면 옷을 주었다.

옷을 입고 떠나려 할 때 나에게 간청하며 말하기를 "저 거위는 곡식만 먹을 뿐 별도의 정취가 없으니, 은사隱士에게 합당하지 않고 호사가나 부유한 집에나 어울리는 동물입니다. 비록 득롱망촉得隴望蜀63)을 싫어하나, 저에게 거위를 줘서 판다면 한 명의 굶주린 사람이 한 해를 마치는 비용으로 삼을 수 있을 것입니다. 어떻게 생각하십니까."라고 하였다.

온 집안사람이 동의하지 않았으나, 나는 웃으며 말하기를 "군자는 사람을 귀히 여기고 가축을 천하게 여긴다. 또 추위와 굶주림에 대한 요청을 어찌 모른 척하겠느냐."라고 하며 거위를 주었다. 뒤에 듣기로, 모처에서 50민緡의 돈을 받고 팔았다고 한다.

---

63) 탐내는 마음이 한이 없는 것을 표현할 때 쓰는 말. 후한 광무제가 잠팽(岑彭)에게 농서(隴西) 땅을 공격해서 뺏게 한 뒤에 다시 계속해서 촉 땅으로 진격하도록 하자, "농서를 평정하였는데 또 촉 땅까지 원하는가[旣平隴 復望蜀]."라고 탄식하였다는 고사가 전함.

이 늙은이는 본래 호사가인데
집안에 기르던 거위를 어떻게 했나
십 년 타향살이에 적적함 많은데
깊은 산속 완상하고 즐거워할 것 있던가
제비와 꾀꼬리는 본래 정이 없는 동물이니
봄을 보내고 나면 떠나갈 뿐이라네
주린 매는 어떤 이유로 배불리 먹고 떠나고
함께 지낸 학은 친하기 어려워 기약 어길까 두렵네
어느 곳에서 꽥꽥 우는 거위를 사 왔던가
해를 넘겨 기르니 싫던 모습 오히려 기특하네
짖어대는 개와 승부를 다투듯 집을 지키고
긴 목 움직이며 친근하게 사람 따르네
『도덕경』 안에 참된 모습이 있으니
왕우군(왕희지)은 나보다 먼저 힘찬 필적 남겼네
추운 겨울 멀리서 객이 찾아와 세 밤을 묵으니
두터운 내 갖옷 벗어 선물로 주었네
나에게 조롱 속 거위를 달라고 요청하고
어느 날 돈으로 바꿔 비용으로 삼았네
집안사람과 얘기하니 다투어 허락하지 않았으나
이 늙은이 한번 웃음에 억지로 따랐다네
손자들은 미미한 새를 아까워하지 말거라
곤궁하지 않으면 어찌 이러한 일이 있겠나
길을 떠나기 전 절하며 넉넉히 사례하고
나는 듯 거위 안고 떠나가니 기쁨이 생기네

다른 이의 '손자를 얻고서' 시에 차운하다
[次人抱孫韻] 2수 (영인본 68쪽)

①
한평생 아이 하나 두어 한스럽다가
이순 나이에 뒤늦게 손자를 안았네
평소 슬하에 벗이 없어 탄식했더니
옆집 노인 손자에게 물린 엿이 되려 부럽네

②
이제 다행히 아들 낳는 꿈을 꾸니
불우한 인간세에 선을 쌓은 노인이네
경사는 원래 늦고 빠른 차이가 있으니
복전福田64)에서 오이들이 끊임없이 나오리

---

64) 복을 거두는 밭이라는 뜻으로, 삼보(三寶)·부모·가난한 사람을 비유적으로 이르는 말. 삼보를 공양하고 부모의 은혜에 보답하며 가난한 사람에게 베풀면 복이 생긴다고 함.

보릿고개를 한하며
[歎春麥嶺] 서문을 병기함, 무자년(1888)　　(영인본 69쪽)

이듬해 늦은 봄에 너무 배가 고파서 솥을 설치하니 기색이 참담하였다. 곤궁하고 한미한 친족들이 나를 기다려 밥을 짓는 이들이 몇 집 되었다. 나 역시 넉넉하지 않아서 구제를 감당하지 못하였다. 그래서 전토田土를 팔려고 하니 약간의 박품薄品 뿐이라 값을 논하기에 부족하였다. 이에 비옥한 한 뙈기[一耕]를 자르니, 그 값이 평년의 반도 되지 않았다. 식구를 계산해서 나눠주어 보릿고개 전 며칠 동안 먹거리로 겨우 마련하게 하니, 진실로 개탄스럽다.

우리나라 무자년 같은 기아가 드물었는데
이 시기에 벼슬살이는 기약하지 못하겠네
천만 개의 촌락에 밥 짓는 연기 끊어져
하루가 삼 년 같은데 보리는 더디게 익네
임금의 조서가 봄 진대賑貸65)와 어긋나니
중생에게 부처의 자비를 누가 베풀리오
흉년에는 비옥한 땅도 돈이 헐값이니
한잔 물로 어찌 늘어진 거북을 구제하리

---

65) 흉년에 굶주린 백성들을 구제하기 위하여 곡식을 대여(貸與)하고, 추수기(秋收期)에 회수하는 일.

편지
[書]

수령 황연수에게 답하다 [答黃候 演秀]　　(영인본 70쪽)

　　행차가 남쪽으로 오시니 궁벽한 시골에 기운이 생동합니다. 귀댁으로 미천한 발걸음이 한 번도 들어가지 못하니, 자신의 분수가 비루하고 용렬하여 감히 우러러 동헌에 자주 누를 끼칠 수 없습니다. 모르겠습니다만, 어떻게 알아보시고 이렇게 누누이 편지를 보내셨습니까. 신명新蓂(새해의 책력) 1건은 더욱 감사합니다.

　　존각尊閣을 펼친 것이 지금 이미 겨울이 끝나고 한 해가 저물어 갑니다. 다시 삼가 수령의 체후에 신의 가호가 있으신지요? 제가 문을 닫고 엎드려서 무사하게 마시고 먹으며 최근까지 아름다운 시문[陽春]에 훈도되었으니, 이것을 누가 주신 것입니까. 새와 물고기가 문득 자신을 잊은 듯이 흡족합니다.

　　생각건대, 저의 선조 모당공慕堂公이 옛날 이 고을을 다스릴 때 치적을 쌓았고, 청백리에 녹선錄選66)되었으며 거사비去思碑가 있었지만, 임진왜란을 겪으면서 유적이 모두 사라졌습니다. 그러나 예로부터 명현名賢들께서 문명文明의 고장이라고 일컬었습니다. 다만 근래 거듭된 기근 끝에 고을과 백성이 피폐해지고 유풍儒風이 땅에 떨어지고 기강이 문란해졌습니다. 수령[明府]께서 부임하신 이후 다행히 촉군蜀郡의 문옹文翁과 남양南陽의 소부召父를 만나 가만히 서서 문화를 진작하고 피폐함이 다시 소생되는 정사를 기다리게 되었습니다. 이것이 우리 향촌에 다시 없을 기회이기에, 우러러 한없이 축하합니다.

---

66) 벼슬 등에 추천하여 관리로 뽑음.

장교준 낙안에게 주다 [與張樂安 敎駿] (영인본 71쪽)

　대지가 큰 가마솥[洪爐]인데 사람의 근심은 태우지 못하고 도리어 사람의 사지를 녹입니다. 관대를 풀고 크게 소리쳐도 견딜 방법이 없으니, 뜻이 같은 사람을 그리는 마음만 더욱 간절해집니다. 삼가 묻건대, 영감의 체후가 고향으로 돌아온 이후 별도로 경리經理가 끝나서 고요해졌습니까.

　저는 고통스런 속세에 남은 숨이 더욱 무료합니다. 전원의 농작물 상황은 품팔이에게 맡겨 두어 알지 못하고, 다만 손자 가르치는 일이 잡히지 않아서 걱정입니다. 그러나 또한 채찍질하며 감독하고 싶지 않으니, 이것이 늙고 유약한 사람의 상례常例입니까? 밉고 근심스러우니, 이것이 율리옹栗里翁(도연명)이 말한 '잔에 담긴 술이나 마신다.'는 것입니다.

　아내는 별도로 다스릴 일이 없으니, 다시 어느 청정한 곳에서 사람의 근심을 씻어내고 성령性靈을 기를 수 있을지 생각합니다. 여도輿圖의 변폭邊幅은 한 조각의 틈만 남길지요? 힘써 멀리 가지 않더라도 금곡金谷의 사찰이 매우 한적하며, 또한 더위를 피할 수 있습니다. 형께서 만약 뜻이 있다면 저와 함께 꽃비 내리는 하늘 아래에서 몇 달을 보내는 것이 어떻겠습니까? 나머지는 삼가 기다립니다.

진사 권경택에게 보내다 [與權進士 絅澤]

(영인본 72쪽)

　봄날 비로소 따스해지니, 삼가 부모님을 더욱 공양하며 화락하심에 경하드립니다. 그대가 특별한 재주[屠龍]와 큰 솜씨로 수석을 차지했으니, 벗 사이에 삼가 백열柏悅67)의 마음을 드립니다. 다만 이번 수문脩門(대궐문)으로 한 번 가는 길은 선비[士子]로서 첫 출발입니다. 근래 살펴보니, 선비들이 겨우 작은 성공을 얻으면, 곧 스스로 자랑하면서 발돋움하여 앞으로 나아가는 데 힘쓰지 않으니, 이 어찌 발을 딛는 초심初心이겠습니까. 참람되이 어리석은 말을 올리니, 갑절로 힘써서 붕새가 날 듯이 만 리 앞길을 도모하길 바랍니다.

---

67) 松茂柏悅(송무백열): 소나무가 무성하면 잣나무가 기뻐한다는 뜻으로, 벗이 잘되는 것을 기뻐함을 비유적으로 이르는 말.

족보 사무소의 여러 종친에게 답하다
[答譜所僉宗]   (영인본 73쪽)

　백 대의 자손도 근원은 같고 천 리의 가옥도 한 집안입니다. 같은 근원 한 집안의 정의로서 백 세와 천 리처럼 소원하다면 이 어찌 인정으로 할 일이겠습니까만, 형세가 어쩔 수 없으니, 이에 어찌 족보가 없을 수 있겠습니까. 여러 종중이 이 보소譜所를 설치한 것은 동정同情의 처지에 대해 앞선 견문이 있었던 것이니, 어찌 칭송하지 않겠습니까. 이때 여러 종친께서 편안하고 화목하시며 신이 도와서 보역譜役에 매진하여 힘들이지 않고 단서를 찾으시며, 각처의 단자가 때맞춰 들어와서 지체한다는 탄식은 없으신지요?
　제가 생각건대, 우리 종친이 이전의 대보大譜 이후 이미 두어 세대가 지났으니, 이번의 거사는 대동보가 마땅합니다. 그러나 우리 파派는 선조들에게 똑같은 후손이라는 입장에서 본다면 너무 편벽되지 않습니까. 이에 여러 종친이 반드시 이렇게 하려고 하지는 않을 것이니, 아무 분파의 선대 규례를 비교해서 편벽됨을 버리고 큰 계보를 취한다면 이름이 바르게 되고 말이 순해질 것이니, 누가 감히 따르지 않겠습니까. 저쪽에서 먼저 수정한 분파들은 또한 스스로 배꼽을 물어뜯으며 우리 행보를 따를 것입니다. 이렇게 하지 않고 도리어 먼저 거행한 것을 무턱대고 따른다면, 어찌 한스러운 처사가 아니겠습니까.
　옛날 대산大山 이상정李象靖 선생이 우리 족보에 서문을 쓰면서 "우리 선조는 이미 하나로 여기면서 자손들이 억지로 두 가지로 만들려고 하니, 한 나무에서 가지를 나눈 것에 가깝지 않겠는가."라고 하였습니다. 지금 이번 족보가 그 책망을 면치 못할 것이니, 온당하지 않은 듯합니다. 일이 이미 이 지경이 되어 다시 짐작하기 어려우므로 단자를 수정해서 드리니, 큰일을 잘 다스리기를 매우 바랍니다.

통정대부 장두각에게 주다 [與張通政 斗珏]

(영인본 74쪽)

지척 간에 서로 막혀서 애각涯角(궁벽하고 먼 땅)과 같으니, 구름과 나무[雲樹]만 암담하게 서로 응대하기 일쑤입니다. 하물며 지금 큰 가마솥에 앉아서 낮이 일 년처럼 길게 느껴지니, 어디서 정신을 상쾌하게 하겠습니까. 삼가 조용히 조섭하는 자리가 맑고 여유로우신지요?

저는 날마다 수마睡魔와 사귀면서 진작시키지 못하여 근심스럽습니다. 가뭄[旱乾]이 너무 심하여 정히 백성들이 말라 죽는 때에 다만 은근히 도와서 비를 만드는 손이 없는 것을 한스럽게 여기며, 다만 회암晦菴 주희朱熹의 '고요한 밤 마음 홀로 괴로워라[靜夜心獨苦]'라는 시구를 외울 뿐입니다.

더위를 피해 함께 지내자는 뜻으로 지난번에 이미 낙안樂安 형께 편지를 보냈는데, 회답을 보니 몸을 뺄 수 없다고 합니다. 끌어오려 해도 연고가 없어서 다만 짝없이 홀로 그를 찾는다는 탄식만 간절했는데, 다시 생각하니 존형께서 한가롭고 고요한 땅에 앉아 계시면서 먼지 구덩이에 얽매이지 않으시니, 혹여 절을 찾아서 여름을 보내는 데에 뜻이 있으신지요?

원각圓覺(석가여래의 원만한 깨달음)의 봄 경치가 염황炎皇의 세계와 아득히 떨어져 있어서, 더위를 싫어하는 한가로운 사람의 깃들어 쉴 곳이 될 수 있습니다. 힘써 도모해 보심이 어떻겠습니까.

종제 진헌에게 주다 [與從弟鎭憲] (영인본 75쪽)

쓸쓸히 궁벽한 산속에 거처하니 갈수록 무료함이 더합니다. 산속 친구[山朋]와 풀 베는 벗들이 때때로 문을 두드려 억지로 담소하며 비록 시간을 보내는 자료로 쓰고 있지만, 고향에서 친족[同堂] 형제들과 더불어 천륜天倫의 즐거운 일을 펼 것을 생각하지 않은 적이 없으니, 어떻게 꿈을 이루겠습니까. 참담하기 그지없습니다.

다만 생각건대, 영산靈山에 성묘하는 날이 멀지 않았는데, 나는 이미 늙고 병들었으며 슬하의 아이들 중에는 보낼 만한 이가 없습니다. 바라건대 여러 친족에게 상의하여 감당할 만한 사람을 뽑아서 장차 일할 자리에 참석시켜 여러 종친의 모임에 빠지지 않게 하는 것이 어떻습니까. 자손의 추원보본追遠報本68)의 정성에 있어서 예의상 마땅히 이렇게 해야 하고, 길이 멀다고 사양해서는 안 될 것입니다. 특별히 도모하십시오.

---

68) 조상(祖上)의 덕을 추모하여 제사를 지내고, 자기의 태어난 근본을 잊지 않고 은혜를 갚음.

조카 재연에게 주는 편지 [與姪兒在淵](영인본 76쪽)

북문北門에서 돌아간 뒤로 눈비가 퍼부었네. 큰 기러기도 기색을 보고 날아서 볕을 따라 남북으로 다니는데, 하물며 사람이면서 새만 못하겠는가. 정다운 사람끼리 함께 돌아간다[惠好同歸]는 것이 진정 오늘을 이르는 말이네.

많은 날을 옮겨 다니며 분주하던 끝에 집안은 안정되었는가. 생각건대, 월나라의 새[越鳥]69)처럼 고향을 그리는 마음이 없지 않을 것이네. 이곳은 무사하네.

그대를 보낸 후에 따라나설 계획을 세우고 어느 정도 정리한다고 심산心算만 헛되이 낭비했는데, 일이 뜻대로 되지 않는 것이 8할~9할이니, 일 만들기 좋아하는 자[好事者]는 엮이게 된다[肘掣]는 것을 더욱 알겠네. 우선 실마리를 찾을 때까지 기다리는 게 어떨까 하네.

진陳 벗과 성星 노인과 더불어 상의하여 정돈하면 장차 인화人和를 얻을 수 있을 것이네.

---

69) 월(越)나라, 즉 멀리 남쪽 나라에서 온 새. 고향을 멀리 떠나온 모습을 이르는 말.

서 [序]

요산서 [樂山序]　　　　　　　　　　(영인본 77쪽)

　대저 사람이 태어남에 성정性情이 없을 수 없고, 이미 성정이 있다면 좋아하고 즐거워하는 것[好樂]이 없을 수 없다. 그러나 사람의 품성은 물아物我가 서로 형태를 갖추는 데서 달라지고, 감응하는 것에 따라서도 달라진다. 그래서 호요好樂에 크고 작은 차이가 없을 수 없다. 이 때문에 그 사람의 어짊을 알고자 한다면 먼저 그가 좋아하는 것이 무엇인지 보아야 한다.

　저 구차하고 우둔한 사람이 좋아하는 것은 낱낱이 거론할 것이 없지만, 도학道學과 문장文章을 이르자면 좋아하는 것 중에서 큰 것으로, 오직 대인大人이 할 수 있다. 이 몇 가지 외에 또 산림山林의 즐거움을 좋아하는 자는 곧 기이하고 귀한 것을 생각하는 선비로, 적극적으로 일을 이룩하여 뜻을 고상하게 하는 일을 하려 하지 않는다. 간혹 "산림이란 선비가 뜻을 만나지 못하여 갈무리하는 곳이다."라고 하면서 때때로 무료하고 불평스러운 회포를 노래와 시 사이에 붙이니, 어찌 숭상할 수 있겠는가.

　내가 말하기를 "이것은 원망하고 탓하는 것이니, 어찌 좋아한다고 하겠는가. 인생은 뜻대로 하는 것을 귀하게 여기니, 대저 선비가 곤궁함을 견디고 뜻을 지키면 물을 마시고 헌솜으로 옷을 입더라도 솥을 걸어 놓고 종을 치며 밥을 먹는 것[鼎食鐘鳴]보다 귀할 것이다. 세상의 높은 발자취에 뜻을 둔 사람으로 마힐摩詰70)은 망천輞川의, 임포林逋71)는 서호西湖의 안개 속 샘물과 바위에 대해 삼공三公의 지위로 당겨도 바꾸지 않는 것을 즐겁게 여기며 종신토록 후회하지 않았으니, 이것은 숭상할 만하다.

성인聖人께서 인자仁者는 산을 좋아한다고 하였으니, 아, 좋다는 것을 잘 아는 사람이 몇 명이나 되겠는가. 나는 인자仁者가 아니라서 그 좋음을 모를 뿐만 아니라 또한 산이 인仁의 본체[體]에 어떻게 관계되는지 모른다. 그러나 나를 위해 조롱을 해명[解嘲]하는 자가 '요산樂山'이라고 표명하니, 내가 감히 편안하게 인정할 수 없었다. 그러나 저 초목과 금수禽獸가 모두 스스로 좋아하고 있는데, 하물며 사람이 좋아하는 바가 없다면 어찌 성정性情이 있는 자라고 하겠는가.

내가 젊었을 때 과거 공부에 골몰하면서 책을 읽는 것만 즐거움으로 여겼는데, 끝내 평소의 뜻에 맞지 않아서 그 즐거움을 잃어버렸다. 그러니 지난번 과업에 공력을 기울인 것이 어찌 즐거움이 되며, 중도에 어긋난 것이 어찌 슬픔이 되겠는가. 벗들이 나에게 산을 좋아한다[樂山]고 말해도 내가 사양하지 않고 마침내 자처하는 이유는 다만 산수에서 넉넉히 노닐며 즐기는 것을 좋아하기 때문이니, 어찌 감히 스스로 성인 공자가 말한 요산樂山에 견주려 하겠는가. 요산이라는 글자는 동일하지만 그 의의는 절대로 같지 않으니, 자호自號로 삼는 것이 어찌 불가하겠는가.

또 전傳72)에 이르기를 "아침에 도를 듣는다면, 저녁에 죽어도 괜찮다."라고 하였고, 또 "스스로를 한계 짓는 것은 학자의 큰 병폐이다."라고 하였으니, 내가 비록 늙고 병들었지만 이로 인

---

70) 당나라의 시인이자 화가인 왕유(王維)의 자(字).
71) 중국 송나라의 임포(林逋)는 서호(西湖)에 은거하면서, 처자도 없이 오직 매화를 심고 학을 기르며 생활을 즐겼다고 함.
72) 경서에 대한 학자들의 전통적인 주해(註解).

하여 착실하게[慥慥] 게을리하지 않는다면 인仁의 도道에 나아가지 못할 것을 어찌 알겠는가."라고 하고, 마침내 참람됨을 잊고 이를 위하여 서문을 쓰다.

기 [記]

저전기 [楮田記] (영인본 79쪽)

　마을 이름을 '저楮'라고 한 것은 기쁨을 표시한 것인가 물건을 표시한 것인가, 곧 물건을 표시한 것이다. 대개 이름을 부여하는 초기에는 닥나무[楮]로 표시하고 구할 수 있었지만, 지금은 표시한 물건을 볼 수 없으니, 어찌 의혹이 없을 수 있겠는가. 아니면 옛날의 난정蘭亭과 죽루竹樓는 생각건대, 반드시 물건을 표시했을 것인데, 지금 또한 정자와 누각에 난초와 대나무를 보존하고 있는지 모르겠다. 대체로 신령한 구역이 물건으로 이름을 삼는 것이 백세 천세에 걸쳐 살펴보면 어느 것이 이와 같지 않겠는가.

　내가 사는 곳에 닥나무를 볼 수 없는데 '저전楮田'이라고 이름하였으니, 옛 노인들에게 물어보면 상세하지 못하고, 다만 마을 남쪽에 한 골짜기가 평평한데, 지세가 비록 척박하지만 예로부터 승려가 종이를 만들기에 이롭다고 여겨서 적당한 땅을 찾아 닥나무를 많이 심었다고 한다. 생산되는 재물이 넉넉하고 장차 많아졌기 때문에 이렇게 이름한 것이라고 하므로, 별도로 고찰할 근거가 없었다. 아, 승려의 닥나무는 의심할 것이 없다. 나 또한 이곳에 살면서 얼마 지나지 않아서 항상 이웃집에 남겨진 초석이 반석처럼 무더기로 쌓인 것을 등한히 버려둔 것을 보았으니 이것이 필시 옛 사찰의 폐지廢址일 것이다. 위로 거슬러 오르면 신라시대인가 고려시대인가 증험할 수 없지만, 당시 승려가 많고 사원이 장엄하기가 과연 어떤 광경이었을지 분명하게 그려진다. 그러나 아득한 천백 년 사이에 물 흐르고 구름 공허한 듯 지난 자취가 사적이 없다. 지난날 창상滄桑의 연혁沿革이 변하여 거친 언덕이 되니, 들풀은 또 어느 시대인지 알 수 없다. 지금 살고 있는 가옥이 마을에 즐비하고 전원田園이 연결되어서 부도浮屠73)의 자취가 쓸려 나간 듯 전혀 보이지 않으니, 그 세월의 느꺼움74)이 어떠하겠는가.

지금 닥나무와 절이 모두 흔적이 없는데 마을 표시에 어찌 절을 버리고 닥나무를 취했는가. 삼가 생각건대, 우리 조선에서 오히려 승려를 부르는 것을 달가워하지 않았다. 그러나 세대의 변화는 한없이 서로 찾아드니 몇천 년 뒤에 마을이 다시 거친 들판이 되고, 절 또한 훗날이 지금과 같을지 알 수 없으니, 어찌 유감이 없을 수 있겠는가.

이에 생각건대, 나의 선조 모당공慕堂公이 예전 이 고을을 다스리면서 부府의 동쪽 명곡리明谷里에 터를 잡았는데, 집이 대대로 세력을 떨치지 못하고, 또 동학군[東匪]의 소요로 인해 귀산龜山의 병암屛巖에 은거했으니, 대개 산수山水에 대한 취미를 취한 것이다. 여기에서 20년을 보낸 후에 근본으로 돌아가는 뜻으로 다시 저전으로 돌아오니, 명곡明谷의 이웃 마을이다. 마침내 이를 위해 기문(기록한 문서)을 짓다.

---

73) 고승(高僧)의 사리나 유골(遺骨)을 넣고 쌓은 둥근 돌탑. 부처나 승려(僧侶)를 달리 일컫는 말.
74) 어떤 느낌이 마음에 북받쳐서 벅참.

논 [論]

천인론 [天人論]   (영인본 82쪽)

하늘은 어떻게 하늘이 되고, 사람은 어떻게 사람이 되는가. 하늘과 사람은 하나의 이치이니, 마음도 하나이다. 하늘의 도는 음양陰陽이 아니면 하늘이 될 수 없고, 사람은 도덕道德이 아니면 사람이 될 수 없다. 하늘은 음양으로 만물을 조화롭게 생성하여 각각 그 부여받은 이치를 다하게 하는데, 오직 사람이 만물의 영장靈長이 되어 부여받은 천성天性을 다할 수 없다면 어찌 하늘에게 품부받아 사람이 된 실제 자리에 있을 수 있겠는가. 대저 아래로 주는 것[卑與]은 하늘이고, 받들어 마련하는 것[承籍]은 사람이니, 그 사이가 매우 신묘하여 한 터럭도 그 사이에서 일을 만드는 것을 용납하지 않는다.

『주역』에서 "하늘의 건실한 운행을 본받아서 군자는 스스로 힘쓰면서 쉬지 않는다[天行健 君子以自彊不息]."라고 하였으니, 진실로 착실하게 천명天命을 본받고 천리天理에 순응하여 부재覆載75)에 참여하고 화육化育76)을 도움으로써 사람의 직분을 다한다면, 이에 성인이 되는 것이 진실로 이와 같을 것이다. 그러나 성인 또한 사람이므로, 사람이 실로 자신에게 있는 성性을 극진히 하고 자신에게 있는 덕德을 밝힌다면 이것이 이른바 다스림이 있는[有爲] 자는 또한 이와 같다고 하는 것이다.

---

75) 하늘이 만물을 덮고 땅이 만물을 받쳐 실음. 곧 하늘과 땅을 이르는 말.
76) 하늘과 땅의 자연스런 이치(理致)로 모든 물건을 만들어 기름.

성인을 희구하는 것은 곧 하늘을 희구하는 것이니, 애처로운 저 많은[芸芸] 중생들이 아득하여 하늘과 사람의 구분을 모르고 자포자기自暴自棄에 안주하며, 심지어 무례하고 게을러서[褻慢] 스스로 단절하는 지경에 이른다. 그렇다면 하늘이 사람을 멀리 하는가, 사람이 하늘을 멀리하는가. 하늘은 사람에게 이미 온전히 태어나게 했으니, 사람은 마땅히 온전하게 지켜서 하늘에 보답해야 하며, 이것이 자사77)[子思子]께서 솔성수도率性修道의 가르침을 『중용中庸』 첫머리에 드러낸 까닭이다.

간혹 대성인大聖人이 큰 사업을 이룩하면 뭇사람들이 그것을 보고 반드시 칭송하면서 "하늘은 비록 내가 미칠 바가 아니다."라고 하니 어찌 어리석은 견해가 아니겠는가. 무릇 만물 가운데 미세한 것들도 하늘이 만들어내지 않음이 없는데, 하물며 인류人類에 있어서 다만 성인뿐만 아니라 누구도 하늘이 부여하지 않았겠는가. 다만 품부 받는 초기에 기질氣質에 국한되어 대인이 되고 소인이 되는 것을 면할 수 없다. 이 때문에 천지天地의 큼에도 유감이 없을 수 없다고 하는 것이다.

무릇 내가 머리는 둥근 하늘을 본받고 발은 모난 땅을 본받아 가장 신령한 지위에 자리하니 부끄러움이 없겠는가. 인류人類의 떳떳함은 각각 윤리 · 도덕 · 제도 · 절문節文78)을 극진히 하여 만물로 하여금 그 성정을 얻게 하고 그 공효(공을 들인 보람이나 효과)를 극진하게 하는 것이니, 이것이 중화中和의 성품을 받고 태어난 사람으로서의 책임이다.

하늘의 마음은 어디에서나 형상을 만들므로 '만물을 생성하

---

77) 중국 노(魯)나라 출신의 유가(儒家). 이름은 급(伋). 공자의 손자.
78) 적절히 꾸며 훌륭하게 만듦. 예절에 관한 규정.

는 인[生物之仁]'이라고 하지만, 사람의 마음은 어디에서 발현되더라도 또한 '사물에 응대하는 인[應物之仁]'이라고 할 뿐이다. 인仁은 예禮·의義·지智·신信을 거느리니, 진실로 하늘의 인을 지극히 얻는다면 사람에게 부여된 인을 지극히 할 수 있으므로, '인심人心이 곧 천심天心이다'라고 하는 것이다.

유후론 [留侯79)論]

세상에서 「유후전留侯傳」을 읽는 자들은 박랑사博浪沙80)에서 부거副車81)를 잘못 맞춘 일[博浪誤中副車]에 이르러 누구나 분개하고 탄식하며 "자방子房의 계책이 서툴렀다. 시황始皇을 맞추지 못한 것은 천명이다."라고 한다. 그러나 나는 다만 이것이 시황에게 다행스러운 일이 아니라 자방에게 다행한 일이며, 비단 자방의 다행일 뿐만 아니라 한 고조漢高祖 유방劉邦에게 다행한 일이라고 생각한다.

만약 당시에 시황제가 철추鐵椎 아래 죽은 혼백이 되었다면, 비록 한바탕 통쾌하여 자방의 계책에는 도움이 되었다고 하겠지만, 당시 영씨嬴氏(진시황)가 왕세자[儲嗣]에 대해 확정을 하지 못했고, 또 이사李斯·조고趙高의 지략[智慮]도 미치지 못했는데, 만약 이렇게 갑작스러운 변고를 당했다면 부소扶蘇를 진나라 백성들이 떠받든 지 오래되어 새로운 군주가 되기를 바랐을 것이다.

천하의 이목에 있어서는 부소로 하여금 보위에 올라 정사를 다스리게 하지 않을 수 없었으니, 부소의 현명함으로 천자의 지위에 올라 우모牛毛의 정치를 변화시켜 천하를 어루만지고 어진 신하를 등용하며 소인을 물리쳤다면, 이사·조고의 무리들이 손을 떼고 움츠리고 물러나서 흉악함을 펼 수 없었을 것이다.

---

79) 유방(劉邦)이 한(漢)나라를 세운 후 장량(張良)에게 유현(留縣)을 봉읍으로 주어 장량을 유후(留侯)라고 함.
80) 중국 허난성(河南省) 우양현(武陽縣)의 고적. 진(秦)나라 무양성의 남쪽에 있는데, 장양(張良)이 역사(力士)들로 하여금 철퇴로 진나라 시황제를 저격하게 한 곳으로 유명함.
81) 임금이 나들이할 때 여벌로 따라가던 수레.

하늘이 진秦나라에 대해 그 명命을 새롭게 했다면 영씨嬴氏의 복록이 아마도 중흥中興하여 연장되었을 것이다. 그렇다면 한韓나라 재상으로 다섯 세대의 원수를 어느 날에 갚을 수 있으며, 한조漢祖의 거센 운명이 반드시 때맞춰 흥기하지도 않았을 것이다.

삼가 자방의 계책에 대해 생각해 보면, 이때 하늘은 진시황을 넘어뜨리려 하였지만, 사방의 영웅들이 매서운 위엄에 두려워 엎드린 채 바야흐로 머뭇거리면서 하나의 소리를 기다리고 있었으니, 어찌 홀로 그 원수를 판가름하여 천하 영웅을 눕혀 두겠는가. 비유하자면 천 균鈞의 쇠뇌를 당겨서 호랑이를 쏠 때 호랑이를 비록 맞추지 못해도 그 기력이 꺾이면 여럿이서 모두 뒤쫓아 반드시 사로잡고 말 것이다.

그 기틀을 먼저 움직여 전국의 영웅을 불러일으키고 천명天命의 추락을 도와서 스스로 죽게 한 것이니, 반드시 죽이려 한 것은 아니라도 만분의 일의 움직임으로 성벽 위에서 관망하는 일을 만들었으니 어찌 신묘한 조화가 종용한 것이 아니겠는가. 진시황을 죽이고 진나라를 존속시키는 것이 어찌 천하 사람들이 함께 토벌하여 영씨의 사직을 굴복시키는 것만 하겠는가.

한韓의 원수를 갚는 계책은 진실로 귀신의 농락[牢籠]에서 나온 것이다. 마침내 작전을 계획한 지 8년 사이에 항우와 유방을 손바닥 위에서 농락籠絡했고, 끝내 한 고조漢高祖가 큰 추위 속에서 따스한 봄빛을 펼쳐서 천하의 원수를 갚게 하였으니, 이 어찌 앞서 자방과 한 고조에게 행운이 아니겠는가.

한漢나라가 세자를 바꾸는 사건에 이르러 사호四皓82)를 불러

---

82) 중국 진시황 때 난리를 피해 산시성(陝西省) 상산(商山)에 들어가서 숨은 네 사람(동원

서 난리를 바로잡고, 끝내 공이 완성되자 자신은 물러나 멀리 적송자赤松子83)를 좇아 초연히 황곡黃鵠84)처럼 높이 날아가서 위태로운 세상에 자취를 남기지 않았으니, 위대하구나 그 경지여. 일생 동안 조처하고 나아가고 물러남에 혹여 황로黃老85) 소결素訣은 없었고, 다만 한나라의 원수를 갚고 유비를 일으키는 데 뜻을 두었고, 부귀와 이익과 권세에는 담담하였기에, 아, 말이 군주에게 들어가는 것이 물에 던지는 돌과 같았다. 자손들에게 가르침을 남겨 극진하게 화를 면하는 방법에 대해 내가 살펴보니 명철하고 조용한 형상은 천고에 손꼽아도 많이 얻을 수 없었다.

공, 기리계, 하황공, 녹리선생)을 이름. 호(皓)란 본래 희다는 뜻으로 이들은 모두 눈썹과 수염이 흰 노인이었음.
83) 선농(禪農) 때 우사(雨師)로서, 뒤에 곤륜산에 들어가서 선인(仙人)이 되었다고 함.
84) 금조(禽鳥)의 하나. 신선이 탄다는 새.
85) 황제(黃帝)와 노자(老子)를 아울러 이르는 말. 도가(道家)에서 시조로 받듦.

찬문종후론 [酇文終侯論]

예로부터 창업創業한 대신에게 공명功名을 선처할 때 임금이 의심하고 위태로운 마음이 들지 않고 백성들이 신뢰하는 생각을 갖게 하여 일생토록 평온하게 살아간 자들을 어찌 많이 볼 수 없는가.

옛날 유씨劉氏의 한나라 초기에 한 고조가 농지의 한 남자로 3척 검을 끌고 진나라를 섬멸하고 초나라를 쓰러뜨려 8년 뒤에 천하를 얻은 것은 누구의 노력인가. 아, 활과 검으로 전쟁(汗馬)의 공을 세운 한신韓信과 팽월彭越 같은 이들은 하루아침에 죽임을 당했고, 장막에서 모의하여 통쾌한 승리를 계책한 유후留侯는 도가의 방술에 의탁하여 두려워하면서 몸을 보전하는 것을 일삼아 걱정하였으니, 또한 괴이하다.

내가 「소상국세가蕭相國世家」를 읽어 보니, 소상蕭相86)이 처음에 한 고조와 더불어 관문을 들어가서 우선 지도와 호적을 거두고 세 조항으로 법을 줄이고 영웅들을 끌어당겨서 천하를 안정시켰다. 그가 나라를 경영하고 법령을 다스림에 일념으로 공무를 받들며 정성으로 몸을 바쳐서 한 고조의 활달함과 여후呂后의 표독스러움으로도 평탄하게 신임을 받아서 한 점의 의심도 전혀 없었다고 하니, 어째서인가.

이미 신임을 받은 뒤에 소상 자신의 계책을 실천하여, 농지와 집터는 반드시 궁벽한 곳에 마련하고, 집을 지으면 담장을

---

86) 중국 전한(前漢) 고조(高祖) 때의 명재상 소하(蕭何)를 말함. 유방이 황제가 된 뒤 논공행상에서 으뜸가는 공신이라 하여 찬후(酇侯)로 봉해지고 식읍 7,000호를 하사받음.

치지 않고 "후손이 어질면 나의 검소함을 본받을 것이고, 어질지 못하더라도 세가勢家들에게 뺏기지 않을 것이다."라고 하였다. 나라를 다스리는 도리를 살펴보니, 집을 다스리는 것에서 벗어나지 않았으니, 이로써 그 사람됨을 생각해 보면 임금을 부모처럼 여겼고, 관직의 일을 가정의 일처럼 다스렸으며, 관료를 집안사람처럼 보았으니, 마땅하도다. 공·사 간의 처리와 규범에 그 궤도가 동일하였으니, 어찌 이리 어질었던가. 공명功名을 선처하는 일을 알았을 때 비록 은거하거나 멀리 달아나는 것으로 몸을 빼내려고 기약하지 않더라도 자신을 어디서든 보호할 수 없었겠는가.

혹자가 "소상이 혜제惠帝 2년에 죽은 것이 다행입니다. 만약 혜제가 일찍 죽고 여후呂后가 조정에 임하여 여러 여씨呂氏들을 왕으로 책봉하려는 때를 만났다면, 소상이 어떻게 처신했겠습니까."라고 하였다. 내가 생각건대, 이것은 의심할 것이 없다. 저 왕릉王陵·평발平勃의 무리가 비록 사직을 보전하고 유씨劉氏의 후손을 정했지만, 이 계책이 어디에서 나왔는가. 곧 유씨劉氏를 위해 좌단左袒87)한 것이 한 고조가 죽을 때 부탁하고 소상이 뒷일을 걱정한 계책에서 나오지 않았는가.

당초 피를 마시고 부절符節88)을 가르며 했던 맹세가 진실로 무한한 뇌롱牢籠89)에서 나와서, 마침내 군주로 하여금 손쓸 일이 없게 하고 세신世臣으로 하여금 직분을 지키게 하며, 공신록

---

87) 찬성의 의사를 표시하거나 한편이 된다는 것을 비유한 말. 왼쪽 소매를 벗고 어깨를 드러낸다는 뜻으로 좌단고사(左袒故事)에서 비롯되었음.
88) 예전에, 돌이나 대나무·옥 따위로 만들어 신표로 삼던 물건. 주로 사신들이 가지고 다녔으며 둘로 갈라서 하나는 조정에 보관하고 하나는 본인이 가지고 다니면서 신분의 증거로 사용하였음.
89) 남을 마음대로 부리거나 수중(手中)에 넣어 마음대로 놀림.

[丹書鐵卷]을 해와 별처럼 분명히 하여 살아생전이나 죽은 뒤에도 흠이 없게 하였고, 천하를 반석과 태산처럼 견고함 위에 올려서 국운을 400년의 오랜 세월을 누리게 하였으니, 찬후鄭侯의 어짊이 아니라면 가능했겠는가.

무후론 [武侯90)論]

영웅이 시세를 만드는가, 시세가 영웅을 만드는가. 영웅이 시세를 만나지 못하면 영웅이 될 수 없고, 시세가 영웅을 만나지 못하면 시세가 될 수 없다. 아, 영웅의 시세가 아니면 시세에 대해 애석할 만하고, 시세의 영웅이 아니면 시세를 어떻게 하겠는가. 영웅과 시세가 서로를 기다리고 서로 만나는 것이 과연 이러하구나. 시세를 만나서 공업을 이룩한 자는 한나라 초기의 유후留侯이다. 시세를 개탄하며 뜻과 사업을 완료하지 못한 자는 한나라 말기의 무후武侯다.

그렇다면 시세란 무엇인가. 즉 그 시대의 형세를 이른다. 가령 무후가 한나라 초기를 만났다면 유후의 공업을 이룰 수 있었을 것임은 식자識者를 기다리지 않고도 알 수 있고, 유후가 한나라 말기를 만났다면 아마도 무후를 능가하지 못했을 것이다. 어째서인가. 한나라 말기가 되면 삼국이 삼분되고, 오吳와 위魏가 비록 한때 참역僭逆91)하여 모두 그 시세를 얻고 각각 영웅을 소유하여 각쟁角爭을 벌였으니, 절대 하나의 초楚나라만 독부獨夫였던 시기가 아니었다.

무후의 대영웅의 자질로도 통합하지 못하고 겨우 구구하게 삼분의 일을 얻는 데 그쳤으니, 애석하다. 속세의 선비가 논하여 "무후의 웅대함으로 중원을 평정하는 것은 하지 않는 것이지 못한 게 아니었다."라고 하니, 정확한 논의라고 하겠다. 시

---

90) 중국 삼국 시대 촉한(蜀漢)의 재상인 제갈량(諸葛亮)을 말함. 시호는 충무(忠武). 자는 공명(孔明). 무향후(武鄕侯)에 봉해짐.
91) 분수를 모르고 윗사람을 가볍게 보고 거역함.

험 삼아 무후의 이미 그러한 흔적을 살펴보면, 관우關羽 장군이 화용華容에서 조조曹操를 풀어주고, 팔진八陣에서 동오東吳를 삼키면서 손바닥 위에서 오吳·위魏를 조종할 수 있었으니, 이것은 그럴듯하다. 세 개로 나뉜 형국이 역수曆數의 대세大勢를 돌았으니, 하나의 조조를 죽여도 어찌 다른 조조가 없겠으며, 하나의 동오를 삼켜도 어찌 다른 오吳가 없었겠는가.

아, 환제桓帝와 영제靈帝 이래로 한나라 왕실의 운명이 거의 끊어져 실낱같았고, 또 두 나라가 할거割據하여 오늘의 한나라 형주荊州가 내일은 오吳나라의 형주가 되어, 이때에는 한번 촉蜀을 차지하는 것도 어려운데 하물며 천하에 있어서랴. 이는 진실로 무후가 할 수 없는 일이었다.

「출사표」를 읽어보지 못했는가. 선제先帝(한 고조)와 무후가 한나라와 역적은 양립할 수 없다는 것을 이미 알았기 때문에 밤낮으로 근심이 매우 간절하여 중원을 배회하면서 일찍이 하루도 잊지 못했다. 무후의 명철함으로도 성패成敗와 이둔利鈍92)을 미리 볼 수 없어 힘써 군사를 중원에 출정시켜 부흥을 바랐던 것이다. 군사가 이기지 못한 상황에 자신이 죽어서 마침내 영웅의 눈물을 금할 수 없게 되었으니, 한나라 왕실의 운명을 어찌 좇을 수 있겠는가.

시세를 생각하면 적이 강성할 뿐 아니라 소열昭烈(유비)이 중도에 죽은 것이 첫 번째 불행이고, 후주後主(유선劉禪)가 용렬하고 불초不肖한 것이 두 번째 불행이며, 무후가 군진에 임했으나 일찍 죽은 것이 세 번째 불행이다. 이 세 가지 불행은 하늘이 한 것이지 인력人力이 꾀한 것이 아니었다. 앞서 남양南陽에 있으면

---

92) 날카롭고 무딤. 영리하고 우둔함.

서 성벽 위에서 형주와 익주를 도모할 때 완상하며 시세를 살펴 처음부터 끝까지 철저하게 꿰뚫어 보았기 때문에 문달聞達(이름이 세상에 드러남)을 구하며 시끄럽게 굴지 않고 일생을 마치는 것으로 결단하였다.

 황숙皇叔(유비)의 삼고초려三顧草廬의 은전에 한 번도 움직임이 없을 수 없었기 때문에 억지로 세상에 나아갔으니, 공은 비록 삼국을 덮었지만 몸을 다 바쳐도 사업이 오히려 적었으니, 이것을 누가 시킨 것인가. 곧 어찌할 수 없는 시세라는 것이다. 그렇다면 무후와 같은 자는 진실로 만고에서 하나의 우모羽毛(새의 깃과 짐승의 털)이니, 어찌 공적의 많고 적음으로 논할 수 있겠는가.

삼강론 [三綱論]

(영인본 93쪽)

  외국인이 "조선은 예의의 나라이다."라고 하니, 왜 그렇게 말하는가. 생각건대, 삼강三綱이 예의에서 나왔기 때문이니, 삼강이란 무엇인가. 이른바 임금은 신하의 벼리가 되고[君爲臣綱], 아버지는 아들의 벼리가 되고[父爲子綱], 남편은 아내의 벼리가 된다[夫爲婦綱]는 것이니, 충忠·효孝·열烈이 그 조목이다.
  내가 『삼강록』을 읽어 보니 우리나라 유현들이 모두 삼강에서 배출되어, 우뚝하고 높은 아름다운 공적이 이정彝鼎에 새겨지고 역사서[竹帛]에 드리워 천지天地·일월日月과 빛을 다툴 정도였다. 어떤 이는 충성으로, 어떤 이는 효성으로, 어떤 이는 의열義烈로써 성명이 육로와 뱃길 너머로 진동하므로, 반드시 흠모하여 '예의의 나라'라고 하는 것이 또한 마땅하지 않겠는가.
  이처럼 삼강은 나라에 도움이 있는 것이다. 대저 신하와 자식과 아내가 된 자들이 삼강에 태어나서 삼강에 죽으니, 훌륭하구나. 삼강이란 인륜에서 큰 것이다. 삼강이 있으면 국가가 흥하고 삼강이 끊어지면 국가가 망하는데, 근래에 신하와 자식과 아내 된 이들이 금수가 되었으니, 아, 그 이유가 어디에 있는가. 곧 유가의 가르침이 밝지 않고 풍속의 교화가 행해지지 않아서 이런 지경에 이른 것이니, 한탄스럽다.

요산유고 권2

부록

가장 [家狀]　　　　　　　　　　　　(영인본 95쪽)

　　부군府君93)의 휘는 진하鎭夏, 자는 화중和仲이며, 성은 배씨裵氏이다.

　　한나라 선제宣帝 지절地節 원년元年(BC69)에 금산 가리부장金山加利部長 휘 지타祗沱는 동경東京에서 신라 시조를 도와 좌명일등공신佐命一等功臣이 되었는데, 이분이 상조上祖이다.

　　고려 초에 이르러 휘 현경玄慶은 복지겸卜知謙·홍유洪儒·신숭겸申崇謙·유검필庾黔弼 등의 제현과 태조를 도와 사직을 안정시켰으며, 관직은 삼중대광태사三重大匡太師에 이르렀고, 시호는 무열武烈이다.

　　휘 원룡元龍은 병부 상서兵部尙書로 분성군盆城君에 봉해졌다. 우리 분성 배씨의 관향은 공으로부터 시작되었다. 휘 유흥有興은 이조李朝 태종太宗을 섬겼으며, 사헌부 직장司憲府直長을 지냈고, 호조 판서戶曹判書로 추증되었다. 아들 휘 진겸은 주부主簿를 지냈으며, 좌의정으로 추증되었다.

　　그 아들 휘 계후季厚는 호가 모당慕堂이며, 성종成宗 갑오년(1474) 문과에 급제하였으며, 매계梅溪 조위曺偉, 탁영濯纓 김일손金馹孫 두 선생과 도의로 사귀었다. 여러 차례 고을 원을 역임하였으며, 만년에 일선一善에 부임하였는데, 그곳의 산수가 맑고 수려함을 사랑하여 그곳에 거주하였다. 자손들이 선산善山에 살게 된 것은 이때부터 시작되었다.

　　그 아들 휘 세경世經은 내금위內禁衛에 제수되었으며, 동생인

---
93) 죽은 아버지나 남자 조상을 높여 이르는 말. 여기서는 필자의 할아버지를 지칭함.

진사공進士公 세위世緯와 잠시 밀성密城에 거주하였다. 이 일은 점필재佔畢齋 김종직金宗直 선생이 지은 향안鄕案에 기록되어 있다. 휘 응심應心에 이르러서는 병자년의 군공軍功으로 관직이 부호군副護軍에 이르렀다.

(부군의) 증조부의 휘는 한덕漢德, 조부의 휘는 봉인鳳仁, 부친의 휘는 순철舜喆이다. 삼대가 은거하여 관직을 구하는 것을 즐거워하지 않고 다시 집안을 일으켰으며, 재물을 쏟아 널리 베풀었다는 칭송이 있다. 모친은 월성 이씨月城李氏 근학根鶴의 딸과 절강 장씨浙江張氏 석재碩載의 딸이다.

헌종 무술년(1838) 11월 20일 부군은 선산 장천방長川坊 명곡리明谷里에서 태어났다. 모친은 장씨이다. 어려서부터 자질과 성품이 영민하여 글을 읽을 때는 글자의 뜻을 깊이 궁구하지 않고 입으로 읽으려 하지도 않았다. 10세 때 이미 시와 문장을 지을 줄 알았는데, 당시 또래 중에서는 부군보다 뛰어난 이가 없었다.

조부는 마음으로 몹시 기특해 하며 사랑하였지만 과장하려 하지 않고 매번 불러서 독려하며 말하기를 "우리 집안이 쇠퇴한 지 오래되었다. 일으켜야 할 것은 학문만 한 것이 없다. 이른바 학문은 단지 읽거나 익히는 것에 있지 않다. 책 속의 뜻을 깊이 살펴 자세히 강론하고 힘써 행해야 한다. 시문時文의 경우에는 또한 세속과 어긋나거나 전적으로 폐지해서는 안 된다."라고 하였다.

부군은 묵묵히 듣고 한참 뒤에 물러나 자각하여 말하기를 "옛사람이 이르기를 '행하고도 여력이 있으면 학문을 하라.'라고 한 말이 바로 이것이구나!"라고 하였다. 마침내 책을 쥐고

놓지 않았으며, 어버이 곁에서는 아침저녁으로 겨울에 따뜻하게 하고, 여름에 시원하게 하는 절차를 행하였다. 곁들여 과거 공부도 밤낮으로 하여 과거 시험장에서 무성한 명성이 있었으나 응시하고 합격하지 못하였다. 이에 결연히 과거 공부를 버리고 떠나 오직 자식의 직분을 닦는 것을 업무로 삼았다. 주변의 벗들 가운데 과거를 권하는 이들이 많았으나 모두 달갑게 여기지 않았다.

임술년(1862)에 모친상을 당하고, 정묘년(1867)에 부친상을 당하여 해를 이어 삼년상의 법도를 지켰다. 몸이 여위어 지탱할 수 없을 지경이었지만 수시로 묘소를 찾으니, 주변 사람들이 애통해 하였다. 삼년상을 마치고 그로 인해 치료하기 어려운 병을 얻었는데, 자력으로 치료하며 의원을 부르지 않았다. 간혹 읽던 경전이나 잠명箴銘 등의 서적을 조용히 한두 차례 읊조렸는데, 곧 그 마음을 즐겁게 하는 자료였다.

고종 임오년(1882)에 유람차 한강을 건너 한양에 들어가 수일이 되었을 때 주상께서 춘대春臺에 나오셨다. 시험을 보는 선비들은 곧 사람들을 따라 납권納券(과거 시험 답안지 제출)하였는데, 부군은 문득 후회하며 말하기를 "해마다 낙양 거리에서는, 꽃과 새가 돌아가는 사람 희롱하네."라고 하였다.

그때 마침 어원 사례御苑射禮가 있었는데, 곧 시험장에 들어가 다섯 발의 화살을 명중시켰다. 마침내 호방虎榜(무과)에 장원으로 급제하였다. 부군은 이에 말씀하기를 "이것은 신하가 재주를 다하여 나라에 보답하는 날이다."라고 하며, 곧장 평온한 거리에 말을 달려 건재함을 과시하였는데, 주변의 사람들이 감탄하지 않음이 없었다. 훈련원의 천거로 인해 특별히 부사과副

司果에 붙였으며, 곧 선략장군宣略將軍에 제수되었다.

조정은 대개 차례대로 방비하려 하지 않았다. 조정의 기강이 해이해지고, 궁실의 난이 이어서 일어나니 옛날의 병관兵官들은 모두 손을 끼고 계획을 도모하지 못하였으며, 단지 마주하여 근심할 뿐이었다. 부군이 이에 말하기를 "일찍이 이처럼 나쁜 사정을 알았다면 전원에서 삶을 가꾸며 선왕의 덕을 노래하며 평생을 마쳤을 것이다."라고 하였다. 곧장 강을 건너 남쪽으로 내려가 의관을 벗고 활을 거두어들였고, 시사에 관하여는 한마디도 하지 않으며 시를 읊조리고 바둑을 두며 날을 보냈다.

무자년(1888)에 기근이 심하게 들어 이웃집에서는 밥하는 연기가 거의 사라졌다. 이에 좋은 밭을 팔아 약간의 자금을 얻어, 곡식이나 돈으로 힘써 구제하였으나 굶어 죽을 듯한 사람들이 수십 호가 되었다. 이에 말씀하기를 "자금이 넉넉하지 않아 널리 베풀지 못하는구나. 이 점이 한스럽구나!"라고 하였다.

마침내 집안의 업무를 여러 자제에게 맡기고 유람하는 것에 뜻을 쏟았다. 북쪽 인왕산·관악산에서부터 대동大同·인천항仁川港에 이르렀으며, 동쪽은 척주陟州(삼척의 옛 이름)로 들어가 관동을 두루 다녔다. 방향을 돌려 청량산·학가산에 이르렀으며, 돌아오는 길에 보현산·주왕산을 찾았다. 각각의 장소에서 감상한 바를 시로 읊었으며, 이에 의흥義興의 병포암屛鋪巖을 취하여 가족을 데리고 와서 거주하였다. 매일 농부나 나무꾼들과 함께 한가로이 노닐며 해를 보내었다. 추구하는 바는 세상을 오시하며 불우한 선비가 아님이 없었다.

다녀간 지역으로 아미峨嵋·인사麟寺·병암·학대鶴臺와 같은 명승이 있으며, 또 수석水石·임죽林竹의 기이함이 있었다. 소요하는 것을 하루도 쉬지 않았으며, 매번 흥이 일어 술자리가 무르익으면 도연명·두보의 시와 굴원屈原·송옥宋玉의 사詞를 한번 읊조리며 주르르 눈물을 흘렸다. 주변 사람들은 그 이유를 전혀 헤아리지 못하였으나, 마음을 아는 사람이 없지는 않았다.

집 안에서 거위를 키웠는데, 소리가 매우 기이하고 웅장하였다. 어느 날 해진 옷을 입은 사람이 와서 말하기를 "바라건대, 거위 한 마리를 빌려주시면 이것을 팔아 추위를 막을 도구를 갖출 수 있습니다."라고 하였다. 부군이 웃으며 허락하였는데, 그 사람은 과연 그의 생각대로 하였다.

옷을 요구하는 사람이 몹시 많았는데, 즉시 요구하는 대로 입고 있던 옷을 직접 벗어서 주었으며, 매년 이처럼 하였다. 집안사람들 또한 싫어하지 않았다. 이웃 사람이 말하기를 "주인 영감께서 베풀기를 좋아하는 마음을 여기에서 볼 수 있으니, 골짜기의 남녀노소가 흡족해 하며 사모하지 않음이 없는 이유입니다."라고 하였다.

임자년(1912) 봄 초연히 여러 자제들을 불러서 말하기를 "올해 내가 죽을 날인 듯하다. 옛터로 돌아가 죽는 것이 옳은 듯하다."라고 하였다. 이에 일선의 저전楮田을 거두어 돌아왔다. 어느 날 집안사람을 불러 모아 말하기를 "성인이 이르기를 '사람이 장차 죽으려 할 때 그 말이 선하다.'라고 하였는데, 나는 70여 세를 낭비하여 한마디 말도 후손에게 남길 것이 없으니 부끄럽구나! 가장 유감인 것은 선조의 아름다움을 후손들에게 전할 수 없는 것과 과업의 성취를 보지 못한 것이다."라고 하였다.

7월 초 집안사람을 불러서 말하기를 "내가 살아 있을 날이 반드시 얼마 되지 않을 것이니, 너희는 기억하거라."라고 하였다. 이에 20여 일 동안 신음하였는데, 약을 올리는 것을 허락하지 않으며 말하기를 "천명이 가까우니, 약물로 연장할 수 있는 것이 아니다."라고 하였다. 결국 7월 29일 세상을 떠나셨다. 아, 애통하도다! 8월 인동면 온수동[仁同溫水洞] 흥양곡興陽谷 경좌庚坐 언덕에 장사지냈다.

영인令人은 밀양 박씨 영수永秀의 딸로 위로는 받들고 아래로는 어루만져 주어 성실함과 효성이 모두 지극하였다. 부군보다 20년 먼저 졸하였으며, 같은 언덕에 묏자리를 달리하였다. 아들 셋을 두었는데, 경연景淵·우연雨淵·성연聖淵이다.

경연의 아들은 종환宗煥·수환秀煥이며, 딸은 권준원權準遠에게 시집갔다. 우연의 아들은 성환星煥·기환箕煥·익환翼煥이다. 성연의 아들은 진환振煥이며, 딸은 각각 박종철朴鍾喆·박채룡朴采龍에게 시집갔다.

종환의 아들은 효덕孝德이며, 딸은 각각 김성환金性煥·백인준白仁俊에게 시집갔다. 수환의 아들은 효직孝直·효원孝源이며, 딸은 각각 김형달金炯達·박균재朴均在에게 시집갔다. 성환의 아들은 효선孝善·효정孝貞·효상孝祥이며, 딸은 각각 박무용朴武溶·장철희張澈喜에게 시집갔다. 기환의 아들은 효준孝俊·효달孝達이며, 딸은 박수용朴秀用에게 시집갔다. 익환의 아들은 효문孝文이며, 딸은 각각 김용구金龍九·권오봉權五鳳에게 시집갔다. 진환의 아들은 효길孝吉이다.

아, 부군은 안색이 수려하고, 살결이 희고 미목眉目이 뚜렷하였으며, 도량이 크고 깊었다. 일찍이 문단에서 활동하였는데, 청수하고 온아하여 사람들이 모두 말하기를 "유자儒子의 기상을 지녔다."라고 하였다. 칼자루를 쥐고 막사에 이르러서는 의지를 세우고 기운이 오르도록 하였는데, 사람들이 모두 말하기를 "변화에 대응할 수 있는 재목이다."라고 하였다. 산골짜기로 물러나 몸을 숨겨서는 생각이 소탈하였으니, 사람들이 모두 말하기를 "산속의 한가한 사람이다."라고 하였다. 정든 벗과 모여 앉아 고금의 일을 말할 적에는 목소리와 감정이 격해졌는데, 사람들이 모두 말하기를 "호탕하고 의협심이 있는 사람이다."라고 하였다. 부군의 지향에 관해서는 실로 형용할 수가 없다.

일찍이 사사로이 집안사람에게 말하기를 "장부는 세상에 태어나서 합당한 때를 만나 유능한 임금을 섬기고, 나라의 병을 바로잡아 고치며, 민간의 풍속을 맑게 하여 순박한 지역으로 만들어야 한다. 이것이 내가 마음속에 담아두고 있던 것이나, 하나라도 뜻대로 하지 못하고 황폐한 지역에 몸을 두고 농부들과 지내며, 일신의 안일을 추구하는데 골몰하고 있으니, 결국 어떤 사람이 되겠나. 스스로 생각해도 실로 우습고 부끄러운 점이다."라고 하였다. 이것은 부군이 뜻을 가지고도 펼치지 못한 것이다.

부군의 성품은 유람하기 좋아하여, 매번 기이하고 아름다운 곳을 만나면 문득 즐거워하며 돌아오는 것을 잊었다. 당시 함께 유람했던 이들이 모두 '요산옹樂山翁'으로 부르니, 부군이 대답하여 말하기를 "나의 즐거움은 분명히 이 산에 있습니다. 그러나 '인자仁者는 산을 좋아한다.'는 가르침을 범하지 않겠습니까? 이 점은 감당할 수 없습니다. 단지 산을 유람하는 것을 즐거워하는 사람으로 불러 준다면, 이것이 제가 정말 원하는 것입니다."라고 하였다.

부군은 시를 좋아하는 성품으로, 옛날을 생각하고 지은 작품에서 더욱 슬퍼하였다. 가령 오산烏山, 동락東洛, 병암屛巖, 동도東都에 관한 시는 백세百世가 지난 뒤에 선현의 풍모와 운치에 감격하지 않음이 없다. 상국賞菊, 완매玩梅, 영월詠月, 영설詠雪 등 여러 편은 또한 자기 뜻을 붙여 외로운 충정을 드러내었다.

등백도鄧伯道, 도원량陶元亮, 팔사마八司馬 등의 작품에서는 이전의 역사에서 밝히지 못한 것을 밝혔고, 천인론天人論, 삼강론三綱論에서는 한평생 마음으로 궁구한 공부를 볼 수 있다. 춘일억경화春日憶京華, 병포암유거屛鋪巖幽居 등 여러 작품에서는 임금에게 충성하고 나라를 그리워하는 정성을 간절히 드러내었다. 참으로 이른바 『시경』에서 "내 잠에서 깨어 탄식하며, 저 주나라 서울을 생각하노라."라고 한 것이다.

군수 황연수黃演秀, 군수 장교준張敎駿 등 여러 어른과는 평생토록 마음으로 사귀었다. 금암金菴에서 더위를 피할 적에 더불어 답문한 것은 모두 시국을 걱정하고 옛날을 그리워한 것이며, 집안일에 대해서는 한마디도 언급하지 않았다. 이상은 모두 부군의 실제 자취이다.

불초한 고손孤孫은 일찍 부모를 여의고 유훈을 실추하여 부군의 시문을 이어서 진술하지 못하였는데, 모두 화재로 타버렸다. 지금 남아 있는 것은 겨우 백 편 가운데 한 편이니, 죄가 하늘과 땅에 쌓여 용납할 여지가 없다. 이에 감히 평소 듣고 본 것을 대략 서술하여 당세의 여러 군자에게 행장으로 요청하려고 한다. 다만, 이 계획이 이루어질지는 알 수 없다.

아, 애통하구나! 불초손 수환이 피눈물 흘리며 삼가 쓰다.

행장 [行狀]　　　　　　　　　　　　(영인본 105쪽, 국역문 없음)

묘지명 [墓誌銘]　　　　　　　　　　(영인본 114쪽, 국역문 없음)

묘갈명 [墓碣銘]　　　　　　　　　　(영인본 117쪽, 국역문 없음)

만사 [挽詞]　　　　　　　　　　　　(영인본 121쪽, 국역문 없음)

제문 [祭文]　　　　　　　　　　　　(영인본 124쪽, 국역문 없음)

요산기 [樂山記]　　　　　　　　　　(영인본 131쪽, 국역문 없음)

병포암유거기 [屛鋪巖幽居記]　　　　(영인본 133쪽, 국역문 없음)

유고고성문 [遺稿告成文]　　　　　　(영인본 135쪽, 국역문 없음)

발 [跋]　　　　　　　　　　　　　　(영인본 136쪽, 국역문 없음)

발문 [跋文]

일찍이 듣기로 반악潘岳94)의 저서는 처음 집안의 가풍을 기술하였으며, 육기陸機95)는 부賦를 지어 먼저 세덕世德96)을 진술하였다. 아, 진실로 세덕과 가풍을 기술하거나 진술하는 것은 후세에 전해지기를 도모하는 것이다. 이것은 자손들이 마땅히 행해야 할 도리이나 두 대가大家와 같이 문장이 뛰어나지 못하니 또한 쉽게 말할 수 없다. 선조가 직접 지은 문장은 분명 자신의 성정에서 흘러나온 것이니 자손들의 기술을 기다리지 않고 진술한 것이다. 단지 그것을 전하는 것에 달려 있을 뿐이다.

우리 증조 요산 부군은 이른 나이에 글을 익혀 넉넉하고 숙련되었다. 나아가 과거를 보았으나 지혜로운 유사有司를 만나지 못하였다. 노력하여 무과에 나아가서는 왕의 노여움을 받은 자들을 몰아내도록 허락받았으나, 그 적절한 때를 만나지 못하였고 마땅한 직책을 맡지 못하였다. 어쩔 수 없이 벼슬을 떠나 병산에 은거하였다.

저전의 나무·돌·원숭이·새는 시절을 상심하고 사물을 느끼는 사이 장음長吟(길게 읊음)과 단창短唱을 붙이던 것이다. 수많은 글이 남아 있으나 집안이 참혹한 화를 당해 모두 화재에 소실되었다. 거의 기杞나라, 송宋나라가 징험할 문헌이 없는 것과 같다.

불초는 시간이 지날수록 사라져 전해지지 않을 것이 두려웠

---

94) 중국 서진(西晉)의 시인 겸 문인. 문사(文詞)에 능하였다고 함.
95) 중국 서진(西晉)의 문인. 육조시대 화려한 시풍의 선구자.
96) 대대로 쌓아 내려오는 미덕.

다. 조금이라도 화재에서 남은 것을 모아 겨우 한 편을 얻고서, 널리 행장·묘갈명·묘지명을 취하여 각수刻手에게 맡겼다. 이는 감히 스스로 세덕과 가풍을 진술하는 것에 비유하는 것은 아니다. 세상 사람들이 우리 선조가 이러한 재주와 덕을 가진 것을 알고, 호쾌하게 한 발짝 나아갈 수 없었음을 슬퍼한다면, 못난 후손이 고심하여 편집한 것이 다행이지 않겠는가.

불초 증손 효원이 절하고 삼가 쓰다.

| 편집후기 |

　서재 한편에 할아버지께서 물려주신 고서적이 여러 권 있었다. 그중에서 유독 눈길을 끄는 책이 있었는데 바로 『요산유고』 문집이었다. 작년 11월 문중회의에서 이 문집를 국역하기로 의견을 모은 후, 문중 회장께서 바로 국역자를 찾아보자고 하셨다. 진수(振秀, 분성군 26세손)가 계명대학교 철학과 홍원식 교수님께 상의드려 안동 국학연구원의 이기훈 박사를 소개받았다. 진수는 바쁜 연말임에도 바로 안동으로 달려갔다.

　이 박사께서는 처음에 국역기간을 1년 정도 말씀하셨는데 우리가 서둘러서 7개월 안에 초고를 받기로 계약하였다. 여러 가지 일로 바쁜 중에도 이 작업에 많은 시간을 할애해 주시고, 또 후손들의 국역사업을 기뻐하며 실비로 맡아 주시고, 훌륭한 국역을 해 주신 이 박사님께 깊이 감사드린다.

　금년 7월 초에 국역 초안을 처음 받았다. 그날 저녁은 식사도 잊은 채 국역 원고를 읽었고, 요산 할아버지에 대한 그리움과 벅찬 감동으로 잠을 설쳤다. 내용도 감동적이지만 160여 년 전에 전국 방방곡곡을 다니며 소회를 시로 남기거나, 일상을 글로 기록한 사실이 놀라웠다. 매년 습관적으로 다니던 온수동 묘사에서 만나던 할아버지는 글을 통해 그립고 친근한 할아버지로 바뀌었다.

요산회 회장·부회장님도 글에 취하고 감동하여 국역내용을 일일이 확인하였다. 특히 회장님께서는 세 차례나 원문과 국역문을 대조하며 교정은 물론, 한글세대가 읽기 쉽도록 90여 개의 각주까지 달아 주셨다. 국역자도 편집자의 요청에 따라 세 차례나 교정을 봐 주셨다. 인쇄소 일과 최종교정은 책을 많이 출간해 본 회장님이 전적으로 맡아 주셨는데, 아마 비슷한 종류의 문집과 비교하여 가장 실비로 가장 특색 있는 책이 된 것 같다.

이 책이 우리 문중 집집마다 배포되어 두고두고 모든 후손이 읽을 수 있으면 좋겠다. 이 책을 읽는 후손이면 누구나 우리 집안의 내력을 잘 알고 자부심을 느끼게 될 것이다. 모든 후손이 가문을 자랑스럽게 여기며, 부모에게 효도하고 사회에 기여하는 훌륭한 삶을 살아가길 기원한다.

2022. 9. 20.

배진수(분성군 26세손)
배성용(분성군 26세손, 요산회 총무)

指令第四九七號

昭和十年四月四日 印刷
昭和十年四月二十五日發行

慶尚北道善山郡長川面石隅洞九六九番地
著作兼發行者 裵孝源

慶尚北道大邱府竪町九五番地
印刷者 金秉權

慶尚北道善山郡長川面石隅洞九六九番地
發行所

積案盈箱而家禍孔慘盡入於欝攸之災幾乎杞
宋之無徵矣不肯懼夫愈久而泯滅無傳零零淺
合於灰爐之餘僅得一編徜取狀碣誌銘付之剞
劂氏此非敢自比於陳世德述家風也世之覽者
有以識吾祖之有此才德而悲其不克逞展步武
豈非屛孫苦心哀輯者之幸歟不肖曾孫孝源拜
手謹書

樂山遺稿卷之二

蓋嘗聞潘岳著書始述家風陸機作賦先陳世德噫苟有世德家風之可陳可述者則圖所以傳於後者是子姓之當行底道理而無二家之文章則亦不可易言矣至若祖先之所自爲文者則固是從自家性情上流出來而有不待子姓之述而陳之者乎只在能傳之矣惟我曾王考樂山府君早年治書飽飫純熟出而試之不遇有司之明毗勉就虎榜庶有以許驅馳敵王慨而所遇非其時所任非其職不得已賦遂初於屛山楮田之木石猿鳥則其傷時感物之際寓之於長吟短唱者不爲

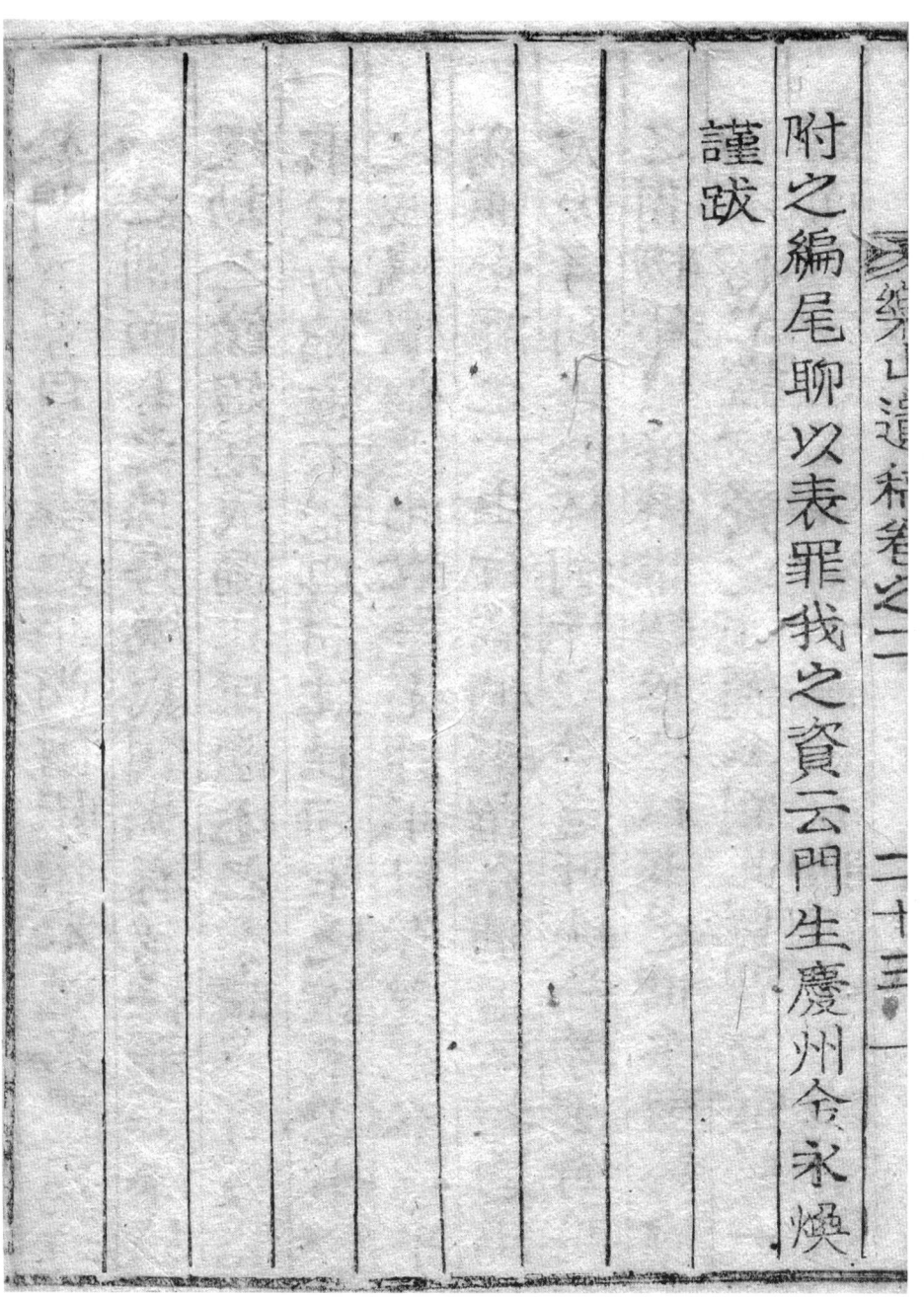

附之編尾聊以表罪我之資云門生慶州金永煥謹跋

於門下粵自童穉之年尙爾昧昧未能克軆其萬一之訓而公之孫秀煥氏聞先有誠採輯手澤於經劫之餘始克咸編其在繼述之孝靡或有憾然事巨力綿追不能堪而其在同室之誼未遂事一之誠愧懼難逃此豈吾先師平日眷愛之本意乎之先師之一生行藏柄鑿難合進退不苟逈出竊惟先師之一生行藏柄鑿難合進退不苟逈出汲汲名利者之林制行之高迫軒軼於考槃衡門之間物外標格得非超然於叔季之世乎至於揄揚不朽之證僉賢之述備矣顧此賀賀何敢贊一辭而不敢已者夐蹇一念銘佳肺腑故略述蕘義

愼好賢樂義賙竆恤匱訓子課孫凡其日可見者
淳淳乎其儒也若其投筆非雅志而北門之變有
必激之也山水之樂非素性而風泉之懷有以感
之也使其進爲於世則必有表表可稱者而遭時
不辰恬廖而終嗚呼惜哉今於慈孫之請不俊之
不文累辭不獲遂略書所感者而歸之玉山右人
張祅鉉謹識

嗚呼我先師樂山翁之歿已二十五年儀型漸闃
影響寢遠平日遺唾零散無幾非直本孫之不明
其爲門人小子之責庸有其極乎小子之供灑掃

抑有所感于中竊誦世之立言家直不華揄揚之筆略掇數語以塞其請而請文者公之曾孫孝源也鵝洲后人申壽謹識

樂山裵公由武擧身任龍驤衛禦侮之貴暫試于時雖不得顯于世其論議氣槩風猷韻格隆然爲一方之望所著詩文有得於山水之趣者甚多而盡入於灰刼收拾於斷爛之餘者僅若干編公之孫秀煥將付之剞劂以諸家所撰狀碣及幽居詩什示不佞要一言于編尾不佞生也晩始得公之全而旣有不同時之恨矣盖公居家孝弟持身謹

跋

此樂山裵公遺集也按公以高才敏行居庭而有志養之美出世而有先幾之明歲侵而有傾困之惠是可謂不負受中之責而恨其賫志不售潔身長往佳山逍遙自適無憂歎怨悔之色誠亦厄窮不悶叔世之高士也歟其所奔咳唾寶玉於屢經劫燹之餘所存者只詩論書若干也已似甚寂寥然一臠而知鼎則奚貴乎多知其詩冲而澹其文典而雅有古作者氣者乎傳之後無疑矣余與公同住一省曾未一奉而今於遺文鋟繡之日

動俗乃一屏巖之善得主人而主人之果不負一
屏巖也覽斯記者必知其屛巖主人之風節而屛
山之爲眞個不遇者藏修之所也歲甲戌之臘月
唐城洪柱寬謹書

遺稿告成文

恭惟樂翁慕堂肯裔鷄林望族肧光孕精淑氣渟
瀜學本孝友材足防禦大翮低佪察色高擧八山
篋邇曰屛曰田逍遙自適吟賞送年濫簽遺文經
爐無幾九苞片羽愈少愈貴迺付潔梨用徵千古
式陳腥醴具由虔告固城李晃秀謹撰

基之各適其用有若老圃之身親經歷遍於遊陟平日足跡不局於一域九國內高岳巨瀆無一不出於常常酬唱中形神清雅所執狷介一不作斌媚態雖終日守閨之緯約迨不及焉既如是以自持人亦莫測其涯際也迨其老也乃返楮田之舊而終焉自此鋪巖無主人過山之下者每稱說古事噓唏不能已日裵君秀煥不忍其王父別業之不表著于世來予索記余既識淺無可據只可憑者乃其平日所作也令人讀之有洌彼下泉浸彼苞蕭之歎山榛隰苓云誰思之懷節節悲激言言

犀鋪巖幽居記

高宗之十九年春朝著不清文官武臣一齊解紐時則有若親軍壯衛營宣略將軍臣裵鎭夏知志氣之莫展遂浩然南下渡藏於四靈州之古老坊山巾野服非復前日羽林前驅之士也以其峭巖削壁列如屛障目其居曰犀鋪山俗淳朴堪可永矢而不謖士室五穀自力出作足以供朝晡有桑麻楮櫟棗栗之利足以酬日索之官租棋朋詩友之日相逐逐者皆慷慨不遇入盃酒曠蕩極其情歡有田翁樵父之來則傾心同席說及于錢鏄鎡

之者氣象如此形容之也豈非潑體仁智者而能
當之乎歟而山水一也而樂有不同隨其所樂而
仁知之淺深亦有分焉近世有樂山裵公早年從
舉業而射力晚而出身通仕路而奔走及其見時
局之不可而幡然歸臥田園樂我山水而表揭其
堂曰樂山則實志喜也何其物色榮枯之前後不
同如是其懸也盖所樂得之心而寓於物者公已
自言之矣然而脫此紛華恬然淡泊終無悔焉則
公乃可爲仁知者之徒也歟歲甲戌至月昌寧曺
秉善記

此日公在病牀小子匍匐往候則症勢已欲執予手潛然曰已矣已矣知我者君也俄頃奄忽棄世嗚乎公之所眷愛者多而今日小子之來詎實非偶然也殯殮之終一覿公顏窀穸之歸再承儀形今夕拜哭但素帷風凄丹崖月晃言念及此罔知攸措小子此哭只爲記情洩哀而已豈敢以閱來歡慨冒瀆冥聽胃膓俱塡哭失其聲數行荒辭千古永誃不昧尊靈庶幾感格

樂山記

吾夫子之言曰仁者樂山智者樂水蓋擧其仁智

可徵一杯長辭千古永訣

又   金龜洛

嗚呼君子之生也入以爲榮死也入以爲哀今公之在世七旬有五而溫雅簡重之行淳良穆之性知舊親戚孰不欽仰哉響綩辭歸之日超然有憂世慷慨之志登山臨水之趣每呼余理裝敎杖東南或尋靈秘於普賢八公之麓又觀玄海於蓬萊方丈之濱攄盡壯觀或唱海山之操兼示堪輿之秘歸路登嶺樓朗吟板上傑句徘徊眺望蕩瀁一生塵腔以是陪遊者追數十星霜矣嗚乎去歲

失則矩之義方行有闕則規之大圓形或悴瘁則日得無疾乎試之藥石食稍間則日得無饑乎餽之飲食眷愛之情撫拉之恩實非尋常女堉間比也恃之如泰岳仰之如靈光公之春秋雖高而簪纓蟬赫韶顏皓髮飄飄然如地上仙而鬒藻滿室和氣融融入間清福公得兼之則人之所以期公者不以百歲爲久公之所以自恃者亦如是也那意一疾奄然不淑嗚呼自今以後幽明逈隔厚重之德慈良之音於何叀承於何叀覲但見積善餘慶賢孝繩繩謝樹連枝茗龍滿庭不食之報於斯

孫左右琳琅詵經童烏持杖季方東南人士輪蹄
過從碁局消遣山水任筇晚境桑楡皓鶴寵仙世
間清福優游盤旋懿德難忘暗祝遐年天不憖遺
公遽乘儷風儀永邈南郡如薦空敬薦洞酌庶鑑

我衰

又　　　　　　　　朴鍾喆

嗚呼小子今來矣公其知乎否乎如曰有知必有
警欸而小子無所聽想必無知也如曰無知則據
誰而仰告乎小子出入高門于今六七星霜矣余
愚不肖無所短長而公以愛孫之心愛小子言有

一哭亦豈云情滿腔悲懷都付先天君子之終精
爽不散庶幾鑑臨吾言止此

又　　　　　　　　　　鄭基洛

於乎恭惟我公天賦溫良早事功令晚守東岡周
旋門族身作棟樑曾有靑氈世業農桑慈佛惠施
急入周詳累仁積德稱誦一坊昔我不敏往來軒
屛不謂鹵鄙勸導諄諄公心樂易披露淳眞顧此
凡劣過蒙眷愛尚爾頑鈍辜負恩誨雖切悒怏實
銘肝肺中年厄運天實難諶東門之慟西河之慘
雖曰理遣衰腸如割積厚餘慶徵諸蘽葛石子苟

而其於公可驗蓋公性度豊腴氣宇疎通其對人
也談笑河沨而温恭慈惠其處事也義理釘截而
融圓渾合苟非仁善而能若是乎所以鄉鄰推望
宗黨悅服白首瑚纓風儀偉健青蘭滿庭枝葉炳
赫生而爲欽仰於人死而無欠欹於世惟是而生
惟是而死善德令終頓無戚戚底意可謂知命之
士矣嗚呼小子於公孫婿姻婿之列途道梢憂縱
不能源源拜侯而有時奉陪則諄諄之誨娓娓之
情足令人鐫感而顧余涼劣不能報萬一永矢百
曆前期那意遽見不淑跳丸易走星霜再周晚後

水雲渺木石麕鹿我儔我侶鴻飛冥冥見色而舉

八耋康健三德備全惟余泚岁夙添寅緣幔幔追

拜五十星霜有疑卽檜謑我慈詳矧兹高軒密爾

隣比逐日課月陪接容儀娓娓旨論如醉醇醪失

將此樂百歲逍遙修短有定其奈役役蒼瞻彼馬峴

病占楸岡令胤述志爰得妥靈靈庶無憾陰隲寔

寔今夕何夕天星再换哭我情私不勝痛歎一杯

薄釀滴淚交零靈其鑑臨歆此丁寧

又   金鎭憲

於乎古人有言仁必壽善必福自是符驗眞個理

翁去空留山水漠然塵

　又　　　　　　　　從弟鎭憲

庫樂吾家共敍倫團欒季李園春遽遽一夢最
憐事難保人間花樹茵

　祭文　　　　　　　　朴濟浩

維公盆城舊閥慕堂仍雲氷淸標實乃武乃文溫
柔儉慤處家持身汎容寬厚接物交入充養有素
斐然成章隨衆一試脫穎名韁壯心未已不忘君
國皇路險傾期欲淸霜踦跼回徨時不可爲黃昏
美人中途違期一棹搖搖孰知我心羣巖月白洛

冰玉其姿錦繡精 烏巾鶴髮老鮮明 圖鵬屈蠖時
還失文武通才聽月評
杖屨追隨二十年公山往跡暗塵前煙霞一疾終
成詼寂寞佳城悵暮天

又　　崔炳元

衣冠舊族典刑存 蹟七追齡衆所尊 處世頓無煙
火氣前身祇是雪冰魂 能安素儉承先業 恪守青
氈詔後昆末路微官難稱德 謙云當日有公論

又　　柳永善

瓊雲瑤月是前身 淡雅誰云虎榼人 楮屋屏廬主

又　　　　　　　　　　張斗珪

日射天門虎榜高頃年薄試箭弓發紅塵不上還
山殿一任琴書樂自陶
一生鍾伯好相隨絃斷秋風奈此悲終曲青山人
不見空樑落月影參差

又　　　　　　　　　　進士權綱澤

荷裳蘭珮誒瞻宸日晏龍門虎榜人久釣要津非
我志遂還初服與誰隣煙霞一崇元無藥花月三
淸瀅肯神山水東南怊獨立居然皷局萬綠塵

又　　　　　　　　　　洪秉禔

煥遭子孝源囑不佞以墓道之文其請有過乎辭
者遂略敍顚末而系以銘曰
顯允惟公盆城古族乃文乃武旣蘊旣蓄云胡不
需復遂初服有崇四尺興陽之谷刻銘于石以像
溪目通政大夫前行弘文館侍講兼知制誥聞
韶金鴻洛謹撰

挽詞

崔秉壽

頎然風度衆同推可惜經綸早失時池上幾回靑
草夢床頭還喜紫荊垂屋樑顏色猶存月儼弓音
聲孰與碁爲是林泉無管領泣羊中道使人悲

二十年而卒墓同原三男景淵雨淵聖淵景淵男
宗煥秀煥女權準遠雨淵男星煥箕煥翼煥聖淵
男振煥女朴鍾喆朴采龍宗煥男孝德女金性煥
白仁俊秀煥男孝峕孝源女金炯達朴均在星煥
男孝善孝貞孝祥女朴武濬張澈喜箕煥男孝俊
孝達女朴秀用翼煥男孝文女金龍九權五鳳振
煥男孝吉公以名祖後孫學有所受而不得展其
驥步卒乃老於鹽箱志士之所溲涕也然於公有
何加損不倿少時見公於京城稠會中望其容儀
端正心切欽豔茌茬之頃人事異昔日公之孫秀

哀丁卯遭外艱戚易如前雖風雨不廢上墓尤篤
於仁愛其遇凶歲濟活甚多壬午以先事上京時
方試武科有一宰勸公曰君有文武才盍往試焉
遂黽勉赴應鬼捷登第未幾特付龍驤衛副司果
甲午時事一變公無意進取謝病南歸寄趣林園
優遊以樂士友以樂山稱之遂卜居于龜山之屛
巖以爲隱遯之所而數十年逍遙之餘忽有首邱
之息遂掇還故里壬子七月二十九日遺戒子孫
考終于寢享年七十五葬于仁同溫水洞興陽谷
負庚原配令人密陽朴氏永秀女娚德無違先公

武烈至諱斯革封駕洛君生元龍兵部尚書封盆
城君子姓之得貫以此八 李朝有諱有興 贈
戶曹判書生諱縉 贈左議政文學著于當世生
諱李厚文判官與曺梅溪偉金濯纓駙孫爲道義
交號慕堂錄清白吏於公間十三世曾祖諱漢德
祖鳳仁考舜喆俱隱德不仕妣月城李氏根鶴女
淅江張氏碩載女 憲廟戊戌十一月二十日公
生于一善明谷里第張氏出也幼有異質既長造
詣益精溪以親命累赴省試不利而歸惟以修身
飭行爲事事親盡志體之養壬戌丁內艱守制盡

隣里之飢者亦土必繼之實友至未嘗不置酒盡
歡蓋公神彩俊潔風流澹宕可謂叔世之僴儻人
物也不佞居在牟圍相聞之地而未得一接芝宇
可恨也已銘曰

擅詞垣而頡沆玉世眼之肉躋虎班而旋焚銀時
勢之棘藜杖兮錦囊要以宣其壹欝甲戌九月日
壽同后人張命相謹撰

墓碣銘 并序

公諱鎭夏字和仲姓裵氏新羅開國功臣祗沱其
始祖也自後世襲圭組有諱玄慶佐麗祖有功諡

原配令人密陽朴氏永秀女有婦德先公二十年
而卒墓同原生三男長曰景淵子宗煥秀煥女權
準遠次曰雨淵子星煥箕煥翼煥季曰聖淵子振
煥女朴鍾喆朴釆龍宗煥之子曰孝德女金性煥
白仁俊秀煥之子曰孝㦤源女金炯達朴均箕
星煥之子曰孝善孝貞孝祥女朴武溶張澈喜箕
煥之子曰孝俊孝達女朴秀用箕煥之子曰孝文
女金龍九權五鳳振煥之子曰孝吉申按狀公居
家以飭躬修行爲事事親生而極志體之養殁而
盡戚易之節性又喜施當戊子大饑傾家貲以救

季厚號慕堂 成宗朝選淸白吏是於公爲十三
代祖曾宰善州因家焉遂爲善人中世有宣傳諱
彌文曾祖諱漢德祖諱鳳仁考諱舜喆妣月城李
氏根鶴女浙江張氏碩載女以憲廟戊戌生公
于明谷里第公生而聰敏有才治擧子業有場屋
聲旣而累不中遂赴壬午武試一擧登第盖公之
才能兼武技也特陞龍驤衛副司果未幾時局大
變遂無意仕進卷而南歸日與詩朋韻伴逍遙吟
嘯於山亭水榭煙雲竹樹之間優遊以終老卒于
壬子七月壽七十五葬于仁同府北溫水洞庚坐

退臨化順受可以謂達觀知命是豈但曰天賀之
美而若非通經史識時變者安能如是乎恨不得
靑雲之筆以之揄揚也謹採本家傳述敘次如右
庶或有立言者之裁擇云爾歲閼逢閹茂漢案戶
交城后人柳永善謹狀

墓誌銘 幷序

公諱鎭夏字和仲裵氏之先出於加利部長祇沱
新羅六部大姓之一也諱玄慶佐麗太祖爲開國
元勳卒官太師諡武烈自是繼世蟬赫而諱撕革
諱元龍父子食采盆城子孫因以爲氏在李朝諱

如哉吾先考早世伯兄方收集遺唾而不幸夭歿冥頑如秀煥者素來蔑學莫能收拾澆懼夫不明不仁之譏莘吾子憐悶而爲之狀焉顧余膚淺安可以闡幽隱而副慈孫之請也辭不獲謹按稿則平生所著多逸於世故之滄桑存者無幾而詩語冲淡有風騷餘韻如感離騷鄧伯道及八士之吟悽惋慷慨評騭抑揚可使千載鬼骨激昂感慨而至於天人三綱之論論議宏博命意正的迥非詞章家組綴傅會之態則其稿也眞片羽靈禽曷可少之哉可寶而傳也且掛冠賦歸可以見急流勇

煥女權準遠雨淵男星煥箕煥翼煥聖淵男振煥
女朴鍾喆朴采龍宗煥男孝德女金性煥白仁俊
秀煥男孝㬛孝源女金炯達朴均柱星煥男孝善
孝貞孝祥安朴武瀅張澈喜箕煥男孝俊孝達女
朴秀用翼煥男孝文女金龍九權五鳳振煥男孝
吉嗚呼公天姿淡雅廣顙美髥頎然好風彩才象
文武方其少年自期待豈其悵然驥步平踏亨衢
而不幸命與時違不免抱璞玉而見刖安得禁志
士之淚乎曰公之孫秀煥泫然語余曰吾王考樂
山公才德不克顯畝於世其爲子孫之寶豈當何

世者先祖有美而未能表顯孫兒課業未見成就也當七月初召家人曰余之在陽界不踰乎今月所謂時月之修略預備焉因病呻吟首尾二十餘日進藥歠則靡之曰大命有定何用藥爲至于漸革言語娓娓少無悒化意舁人整席恬默而逝乃是月二十九日也享年七十五踰月葬于仁同溫水洞與陽谷負庚原配令人密陽朴氏永秀女婦德甚懿且誠孝故於子婦之序雖爲介婦而舅姑必就令人之優養曰是善事我先公二十年而歿同原異壙生三男景淵雨淵聖淵景淵男宗煥秀

轉壑公惻然曰貧不瞻不能廣施是可恨也升斗
焉貫緡焉計口周之乃示賣家傳最膏腴地取直
若干而繼之以救濱死者數十戶甲午以後付家
政於兒孫遂理筇鞋徧踏名勝足跡不肯一日休
行到奇絶處往往有朗吟傑句令人可謂乃占得
龜山之屛巖爲晩年菟裘之計優遊倘佯不知老
之將至一日忽有首卯之恙因以撤還歲則壬子
也怡然謂子孫曰今年吾命宮歸化之定期也聖
人曰人之將死其言也善憒憒如翁者浪費七旬
餘齡了無一言之善以詔後可愧也已最憾於斯

科期不遠盡一試焉公强從赴試登虎榜朝廷望
見公之風彩皆曰榜中得人而將擬干城之任矣
特付龍驤衛副司果于時時局大變風舶靡定繼
有東罪一國騷屑遂浩然南下逍遙於山水之間
其蕭散風致淡雅標格不讓於考槃之士也家勢不
饒奉先盡誠敬奠需必豐潔戒子孫曰古人雖云
稱家有無然不誠無物無物必不誠物者卽誠之
表示也然則貧需得不極其力乎性本仁愛賙
窮好施愛客常有名碩過從則許心傾膽置酒投
轄盡歡而罷戊子乃無前大饑也閭里煙斷人多

而自念士子出身非公車則無以也俗尚往此親
望又如是則吾豈敢悠泛歇偈乎於是孜孜劬工
夜以繼日造詣精漢毖有塲屋聲累試不利歸以
省養加工爲意壬戌丁母夫人憂守制盡哀旣闋
又以親瘠彌留焦憂煎泣者數年丁卯遭艱哀毀
幾不能保朔望展墓哀號動人制闋偶嬰無何之
崇歛欿然無世路意往荐度十許星霜矣
午再遊京洛與諸名士結契酬唱焉是年春臺納
劵未售慨然渡江爲討而吟花鳥嘖歸人之句儕
友當路者慰喩曰遺珠採玉有何傷也御苑觀射

內禁衛別將與弟進士公世緯俱載金佔畢宗直所撰密陽鄉案四傳至諱應心以丙亂倡義之功陞通政其後諱漢德鳳仁乃公曾祖祖考也俱隱德不耀考諱舜喆淳勤儉約創立門戶愛人喜施妣月城李根鶴女浙江張碩載女憲廟戊戌十一月二十日公生于一善明谷里第張氏出也公諱鎭夏字和仲樂山士友所稱號也自幼骨相淸瀅聰慧穎敏受學不煩教督頗解文義綴句有聲常於儕類中居予大入公奇愛而勗之曰吾家素以各祖後裔零替莫甚汝其惕念一振家聲公退

乎欽誦而壯之今按樂山家狀則皆公之上祖也何其赫赫於上下三國也在麗朝蔭藉名公鉅卿五傳至諱斯革三重大匡封駕洛君是生諱元龍兵部尚書封盆城君盆之得貫蓋以是也累傳至諱有興仕 李朝太宗直長 贈戶曹判書生諱繕司憲監察 贈左議政文章筆法著名當世生諱季厚號慕堂 成宗甲午司馬登文科與曺梅溪偉金濯纓馴孫兩先生爲道義交歷宰善山治績載路公愛其山水之文明仍爲子孫之基以淸白吏陞漢城判官於公爲十三世祖也生諱世經

當世諸君子第未知此計之或成就也耶嗚呼痛哉不肖孫秀煥泣血謹識

行狀

不佞嘗讀東國史至羅祖開國初有諱祇沱以一等勳爲加利部長賜姓裵世爲柱石粤若在麗氏創業有諱玄慶又以壁上功官太師諡武烈配享太祖廟立銅像祠于太白山且八李朝而宣廟播遷龍灣夢有鐵衣神將來告使起寢遂爲之破敵問其姓名則曰太白山神像也因忽不見還宮後感其神助遣官侑祭㟜至于今朕享無闕猗

莫非寓已志而露孤衷如鄧伯道陶元亮八司馬等作皆發前史所未發而天人三綱兩論尤可驗一生心究之工乃若春日憶京華屛鋪幽居諸作倦倦於忠君戀國之誠眞所謂風詩中慨我寤歎念役京周者也如黃郡守演秀張郡守教駿諸丈老乃一生心交也其亦暑于金菴也所與答問皆憂時戀古而一不及于家事此皆府君之實蹟也不肖孤孫早失怙恃墜失遺訓全昧於繼述府君之珠咳玉唾都付灰刼今之存者僅百之一罪積穹壤無地可容兹敢略述平日聞見擬欲求狀于

爲之主矯革國瘼澄淸民俗以做淳厖之域此吾
所積蓄於心篝者而一不如意置身於荒閒之地
堪與畎畝野夫泪沒於口腹之計則竟爲何樣人
也實自笑自愧處也此其府君之齋志未展者也
性好遊覽每遇奇勝則便樂而忘返當日遊從者
皆以樂山翁稱之則答曰吾之樂果在山黙得無
犯於仁者樂山之訓乎此則不敢當也只以樂遊
山者呼我則是吾之甘分也性好詩尤悲激於感
古之作如烏山東洛皐巖東都諸什無非感先賢
風韻於百世之下如賞菊玩梅詠月咏雪諸篇亦

朴鍾喆朴采龍宗煥男孝德女金性煥白仁俊秀
煥男孝直孝源女金炯達朴均柱星煥男孝善孝
貞孝祥女朴武溶張澈喜箕煥男孝俊孝達女朴
秀用翼煥男孝文女金龍九權五鳳振煥男孝吉
嗚呼府君神采秀麗白晳眉宇量宏深早馳藝苑
清秀溫雅人皆曰儒子氣象及至按鞘臨幕鷹志
騰氣人皆曰應變之材退藏林峽意思蕭散則人
皆曰山野閑人及情朋滿座語及今古聲氣俱激
則人皆曰豪俠人也乃若府君之志則實不可形
容也嘗私語家人曰丈夫生世逢可合之時事有

家人曰聖人云人之將死其言也善乃翁浪費七旬餘齡了無一言以遺後可愧也最可憾者祖先有美而不能傳兒孫課業之未見成就也七月初召家人曰予之在陽界必不遠汝等其識之因呻吟二十餘日不許進藥曰大命之近非藥餌可延竟觀化於七月二十九日嗚呼痛哉以八月葬于仁同溫水洞興陽谷負庚原令人密陽朴氏永秀之女上奉下拊誠孝俱至先府君二十年而卒同原異壙有三男景淵雨淵景淵男宗煥秀煥女權準遠雨淵男星煥箕煥冀煥聖淵男振煥女

遇之士也境有峨嵋麟寺犀巖鶴臺之勝又有水石林竹之奇杖屨不能一日休每與到酒闌一誦陶杜詩屈宋詞汪然流涕傍人莫測其所以然而亦不無心知之者矣家有飼鵝聲甚奇壯一日有穿弊衣者來曰願借一鵝可以賣備寒具府君笑而許之其人果如其計人有求衣者甚衆卽隨請自脫所著而授之逐年如此家人亦不厭隣人曰主翁好施之心於此可見所以峽中老少婦孺靡不欽慕之壬子春怊然召諸子曰今年似吾大限也歸死古基可也乃掇還一善之楮田一日聚

目兵官皆拱手莫可爲策只相對欝悒而已府君乃曰早知如此不若治生田野以歌詠先王之德而終身也即渡江南下腕巾戢弓一不言時事迯日于詩墓之間戊子飢饉隣比之人煙幾絶乃所良田得略干資或以斗穀或以金繒力救濱妙者數十戸曰貧不贍施不廣是可恨也遂委家務于諸子專意遊覽北自仁王冠嶽歷抵大同仁川港東入陜州徧踏關東轉至清凉鶴架歸路尋普賢周王各賦所賞乃取義興之屏鋪巖挈家而居之日與耕樵諸伴優游卒歲所進逐者無非傲世不

年守制毁瘠幾不能支逐時上墓哀動傷人服関
因有難瘳之疾能自力調治不謀于醫間以所讀
經傳箴銘等書微吟一兩過乃其怡神之資也
高宗壬午以遊覽次歷渡漢江入城數日上御
春臺試士乃隨人納券旋即悔之日年年洛陽陌
花鳥弄歸人時適有御苑射禮乃入試塲沒中
五矢竟膺虎榜之魁府君乃曰此是臣子盡才報
國之日也即馳馬平街以示可用傷人無不嘖嘖
因訓鍊院薦特付副司果旋除宣略將軍朝廷
蓋擬以不次備禦也既以朝綱觧弛宮亂繼作驚

敏讀字時不泛究字義不欲上口甫十歲已能綴句屬文一時儕流莫能先也大府君心甚奇愛不欲夸張每呼以勖之曰吾家衰替久矣所振興者莫如文學所謂文學不專在於徒誦徒習浚察書中之旨熟講而力行之至於時文亦不可違俗全廢也府君黙聽良久退而自覺曰古人云行有餘力則以學文者以此也遂執冊不離于親側朝夕修其溫凊之節旁治功令晝書夜度蔚有場屋聲而屢試不中乃浚然捨去專以修子職爲務隣交勸起者僉皆不屑也壬戌遭內憂丁卯丁外艱連

子諱季厚號慕堂登成宗朝甲午文科與曹梅溪
偉金濯纓馹孫兩先生爲道義交歷典州郡晚佩
一善印愛其山水之明麗仍居焉子孫之爲善山
人自此始子諱世經守內禁衛與弟進士公世緯
暫住密城事載佔畢齋金先生所撰鄕案至諱應
心以丙子軍功官至副護軍曾祖諱漢德祖諱鳳
仁考諱舜喆三世隱淪不樂求仕而再倡門戶有
傾財廣施之頌妣月城李氏根鶴女浙江張氏碩
載女以憲宗戊戌十一月二十日府君生于善
山長川坊明谷里母家張氏也自在幼蒙才性穎

樂山遺稿卷之二

附錄

家狀

府君諱鎭夏字和仲姓裵氏漢宣帝地節元年金山府君諱祇沱翊戴羅祖于東京爲佐命一等功臣是上祖也至麗初有諱玄慶與卜智謙洪儒申崇謙庾黔弼諸賢佐太祖定社官至三重大匡太師諡武烈諱元龍以兵部尚書封盆城君我盆城之貫自公始也諱有興事李朝太宗以司憲府直長 贈戶曹判書子諱繪以主簿 贈左議政

樂山遺稿卷之一

各動於楳航之外必欽慕曰禮義之邦不亦宨乎若
是乎三綱之有補於國也夫爲人臣子婦者生於三
綱死於三綱猗乎三綱者人倫之大者也三綱存則
家國興三綱絶則家國匸挽近以來爲臣子婦者爲
禽爲獸噫厥由安在乃知名教不明風化不行至於
此境可歎也

可無一動故强爲出世功雖蓋於三國歟盡瘁而業猶少是誰使之乃所謂可奈乎時勢也然如武侯者眞所謂萬古雲霄一個羽毛豈可以功之多少論之哉

三綱論

外國人稱曰朝鮮禮義之邦何以謂之也愚謂三綱出於禮義而三綱者何卽所謂君爲臣綱父爲子綱夫爲妻綱而忠孝烈爲其目也余讀三綱錄知東國儒賢皆出於三綱之中而巍卓懿蹟可銘之彝鼎垂諸竹帛與天地日月爭光某也忠某也孝某也烈聲

蜀為難況天下乎此實武侯之不能也不讀出師表
乎先帝與武侯已知漢賊不兩立故夙宵之憂滾切
徘徊於中原而未嘗一日忘也以武侯之明成敗利
鈍未可逆睹而黽勉出師中原庶幾興復矣師未捷
而身逝竟不禁英雄之淚其於漢室之運何追想事
勢則不當敵之強盛昭烈之中途崩殂一不幸也後
主之庸弱不肖二不幸也武侯之臨陣短命三不幸
也此三不幸者天而非人力之所逭也前在南陽圖
荊益於壁上玩象識時洞見終頭徹尾故不求聞達
囂囂朕以了一生為斷案矣其於皇叔三顧之恩茅

侯而當漢末似不較乎武侯也何則當漢之末三國鼎立吳魏雖一時僭逆皆得其時勢各有英雄而角爭絶非一楚獨夫之時也武侯以大英雄之姿不能統合僅得區區三分之一而止惜乎俗士之論曰以武侯之雄平定中原不爲也非不能也其可謂確論乎試觀武侯已然之跡則使關將故釋曹操於華容吞東吳於八陣能措縱吳魏於掌上是似然矣三分之局環顧屢數大勢則殺一曹操而豈無曹操吞一東吳而豈無吳也噫桓靈以降漢室之運幾絶如縷且兩國割據今日漢荆州明日爲吳荆州當此時得定一

前置天下於磐泰之上享國四百年之久者非鄭侯之賢而能之乎

武侯論

英雄造時勢乎時勢造英雄乎英雄不遇時勢則不得為英雄時勢不得英雄則不足為時勢噫非英雄之時勢可惜乎時勢非時勢英雄可奈乎時勢英雄時勢之相待相適果如是乎遇時勢而造成功業者漢初之酇侯也慨時勢而未了志業者漢末之武侯也然則時勢者何也卽其時代形勢之謂也若使武侯當漢初能成酇侯之功者不待智者而可知酇

外乎齊家以是而想其爲人則視君如父治官事如家事視官僚如家人空乎公私間處置規畫同一其轍何其賢也於以知善處功各雖不高踈遠走以期乎逃身而身安得不保哉或曰蕭相之甍柱於惠帝二年幸矣若遇惠帝早崩呂后臨朝欲王諸呂之時則蕭相當何以處之也愚謂此無疑也彼王陵平勃之徒雖全社稷定劉氏後然是計從何得來乃爲劉左袒不越乎高帝臨崩之託蕭相慮後之策也當初歃血之盟剖符之誓實出於無限牢籠也遂使君主垂拱世臣守職丹書鐵卷瞭如日星無欠乎身後身

見也昔在劉漢之初高帝以田舍之匹夫提三尺劍殲秦殪楚獲天下於八年之後者是誰之力也噫乎弓劍汗馬之功如韓彭而一朝就戮帷籌決勝之策如雷侯而託從導引之術惟惴惴焉圖身爲事可慮亦可惟也余讀蕭相國世家蕭相始與高帝八關先收圖籍約法三章延攬英雄以定天下其於經國制令一心奉公蹇蹇匪躬以漢祖之豁達呂后之悍毒坦然信任頓無一點疑雲何也旣已見信跡於蕭相自身之策其置田宅必窮僻處治家不爲垣屋曰後世賢師吾儉不賢無爲勢家所奪竊料治國之道不

報天下之怨此豈非向所謂子房漢祖之辛勤至於
漢儲易樹之事招四皓而靖難末乃功成身退遠從
赤松超然鷗舉終不留跡於疑危之世猗乎其至矣
一生措縱進退無或黃老素詆耶但志在報韓興劉
而於富貴利勢泊如也噫言入人主如投水之石遺
戒子孫極盡免禍之道以余觀之明哲從容之像屈
指千古不可多得

鄭文終侯論

盖自古翔業大臣善處功名之際而使君上無疑危
之心入民荷信賴之念終一生而穩享者何其不多

之雛何曰可償漢祖之炎運未必趁時興也竊料子
房之計則于斯時也天欲斃始皇矣但四海之雄慴伏
於獨威方且徊徨而待一聲則何獨判其讎而臥了
天下之雄哉譬如發千鈞之弩而射虎虎雖不中其
氣力摧折眾皆可以逐之必獲乃已可先動其機倡
起海內之雄助成天命之殞而使自斃也非必欲死
之也為萬一之舉作壁上之觀豈非妙化之從容乎
與其殲始皇而秦猶存也曷若天人之共討而屋贏
之社乎報韓之計實出於神鬼牢籠也遂運籌八年
之間籠絡劉項於掌上竟使漢祖布陽春於大寒以

房之計疎矣始皇之不中天也然愚獨謂此非始皇之幸乃子房之幸非徒子房之幸乃漢祖之幸也若使當日始皇爲權下之魂則雖曰一場神悚而於子房之計則左矣當是之時嬴氏之於儲嗣姑爲未定且李斯趙高智慮之所未及者也若遭此倉卒之變則扶蘇秦民戴之久而幸望新主矣其於天下耳目不得不使扶蘇之賢立〔天子之〕位而夔牛毛之政鎭撫天下進賢臣退小人則李斯趙高之徒斂手退縮不得逞其胷天之於秦其命維新則嬴氏之祚庶幾中興而延長矣然則韓相五世

人也夫孰非天賦哉但稟受之初爲氣質所局未免有大入焉有小入焉是故曰天地之大不能無憾凡我圓其腦方其趾而居於最靈之位得無愧懼乎入類之所秉彝者各盡其倫理道德制度節文使萬物得其性情盡其功效是受中以生之責也天之心於何摸象曰生物之仁也人之心於何發見亦不過曰應物之仁也仁統禮義智信苟盡得於天之仁則可盡其賦於人之仁故曰人心即天心也

雷侯論

世之讀雷侯傳者至博浪誤中副車孰不憤歎曰子

息苟慺慺乎則天命順天理而參覆載贊化育以盡
人之職是乃所以爲聖人固如是也然聖人亦人也
人苟盡其在我之性而明其在我之德則此所謂有
爲者亦若是也其希聖者乃所以希天也哀彼芸芸
衆生懵然不知天人之分安於暴棄甚至於褻慢而
自絕焉則天遠人乎人遠天乎天之於人既全而生
之則當全而守之以報答乎天此子思子所以著率
性修道之訓於中庸之首也世或有大聖人做大事
業則衆人見之必稱曰天縱非吾之所企及豈非愚
見耶凡物之微細何莫非天造而況人類乎非獨聖

年于此而後以歸根之意更還于楮田是取明谷之
隣比也遂爲之記

論

天人論

天何以爲天也人何以爲人也天人一理而心則一
也天道非陰陽則不可以爲天人類非道德則不可
以爲人天以陰陽化生萬物各盡其賦與之理惟人
爲萬物之靈而不能盡賦與之天則烏在其稟天爲
人之實乎夫卑與者天也承藉者人也其際甚妙不
容一毫作爲於其間矣易曰天行健君子以自强不

的然想像當日僧徒之衆多梵院之壯麗果何等光
景而邈然千百年間水流雲空往跡無史頃於滄桑
之沿革變爲荒原野草又未知幾代而今爲居人之
屋閭閻櫛比田園絡繹掃不見浮屠之蹟其爲曠感
當何如哉今楮與寺俱爲無痕而洞之誌何捨寺而
取也竊想本朝時尚不屑僧佛之致也然世代之
變相尋於無窮則幾千後洞之復爲荒原野寺又未
可知後之視今者安得無感也歟粤惟我先祖慕堂
公昔宰于茲鄕始基于府東明谷里家世不振且以
東匪之騷擾隱寓於龜山之屛巖蓋取山水之趣三十

洞以楮名誌喜乎誌物乎乃誌物也蓋命名之初楮
可以誌而得之歟今不見誌之物安得無惑乎抑古
之蘭亭竹樓想必誌物而未知今亦保蘭竹於亭樓
耶大凡靈區之以物得名者歷千百世而觀之孰不
如是余所居不見楮而名曰楮田問于古老則未能
詳但洞之南有一谷平鋪地雖磽埆古有僧侶爲製紙
之利相土之宜而多樹以楮生財頗饒且多故必是
得名無他考據噫僧之楮無疑矣余亦寓此者未幾
常見隣家有遺礎頑石磊磊大如磐而等棄之此必
古之寺刹廢址也遡于上則羅代歟勝國歟姑未謠

余少也汨於擧業以咿唔佔畢爲樂末乃不中素志仍
失其樂旣向者之攻業何足爲樂中遂之蹉跌何足
爲悲哉余之所以不辭儕友之呼我以樂山而遂以自
處者徒以其好樂山水優遊以樂也豈敢自擬於孔
聖所謂樂山哉同一樂山字而其意義則絶不同矣
取以自號有何不可乎且傳曰朝聞道夕死可也又
自畫是學者之大患也余雖老且病因以懍懍不懈
則安知不進於仁道歟遂忘僭猥而爲之序

記

楮田記

不屑進取而高尚其志者之爲也或曰山林者士之
不遇而卷藏之所也往往寓無聊不平之懷於歌吟
之間奚足尙哉余曰是則怨尤也豈好樂云乎人生
貴適志夫士固窮守志飮水縕袍貴於鼎食鐘鳴志
世高蹈如摩詰之於輞川林逋之於西湖煙霞泉石
把作三公不換之樂而終身無悔是可尙也聖人云
仁者樂山噫能知樂者幾人乎哉吾非仁者則不徒
不識其樂亦不知山之爲何關於仁體而爲余解嘲
者標呼以樂山余不敢恬然居之然彼草木禽獸皆
有以自樂矧乎入而無所樂則安可謂有情性者乎

八九益覺好事者肘掣而姑待就緒之如何耳與陳友星老相議整頓且收得人和也

樂山序

序

夫人之生也莫不有情性既有情性則不能無好樂然而人之稟性不同於物我之相形隨所感而亦異故好樂不能無大小也是以欲知其人之賢否先觀其所樂之如何彼區區愚夫之所樂不足校舉而至於道學也文章也是好樂之大者也惟大人者能之此數者之外又有樂山林之樂者乃懷奇抱瓚之士

倫之樂事是何等圓夢也悵黯無巳第念靈山省掃之日不遠而吾旣老且病膝前兒們無可往者望須商議于諸族選可堪人俾爲赴參於將事之席無闕僉宗之會奠如何其在子孫追報之誠情禮當如是勿以途遠爲辭另圖焉

與姪兒柱淵

旋歸北門雨雪滔滂機鴻色擧隨陽南北矧而人矣不如鳥乎惠好同歸政爲今日語也多日搬寓馳勞之餘擧家安定耶想不無越鳥之戀此中無事送汝之後從逝爲計多少整理妥費心筭事之不如意者

太甚正是生靈乾死之時而第恨無毉彌作霖之手只誦朱晦菴靜夜心獨苦之句耳以避暑同棲之意向已寄書于樂安令兄而見其回報則未能抽身云攜手無緣只切無伴獨相求之歎憂想尊兄坐枉閒靜界不羈於塵白或有意於尋寺消夏耶圓覺煙花逈絕炎皇世界可爲病暑閒懿者之樓息另圖如何

如何

與從弟鎭憲

索居窮峽去益無聊山朋樵友時或扣門强從談討雖爲送日之資未嘗不念到鄕園與同堂弟兄絞天

取大則名正言順孰敢不從而彼先修之派亦自噬
臍追踵矣不此之爲反效嚬於先擧者豈非欲恨處
乎昔者大山李先生序吾譜曰吾祖旣一視而子孫
強而貳之不幾於一樹而分其枝也歟今此之譜恐
不免其誚似是未穩然事旣至此變難斟酌故修單
必呈俾敦大事幸甚

與張通政 斗珏

咫尺相阻便同涯角雲樹悵想應一般矣䂨今坐
枉洪爐日長如年安得㹨寒瀑清爽快神精也謹問
靜攝清裕鎭夏日與睡魔爲交未能振作悶悶旱乾

答譜所僉宗

倍加策勵以圖萬里鵬程是所顒望

百世同源千里一室以同源一室之誼至於百世千里之遠是豈人情之所欲爲哉乃勢不已也則是豈可無譜乎僉宗之設此者已有先見其在同情之地曷不攢賀此時僉宗啓居豈非神相麽於譜役無惱就緒各處單子趂時入聚無至遲滯之歎耶愚見則吾宗前者大譜右旣歷二三世則今番之擧宜大同而只爲吾派者其在祖先均視之地不幾於偏乎此必僉宗不欲如是而似較於某派之先規然若捨偏

栗里翁所謂且進盃中物者也家樓別無料理要想何處清淨界可令人滌塵愁養性靈也與圖邊幅或遺一片隙地耶不勞遠武而有金谷之刹殊甚閒寂而亦足逃暑兄若有意則同我消遣數朔于諸天花雨之下如何餘惟恭俟

與權進士 絅澤

春日載陽卽惟獻慶堂闈益供怡愉吾座必屠龍大手點得魁額其在朋儕祇貢栢悅之忱但此脩門一路乃士子發軔之初也近見士子纔獲小成則便自夸耀不務跋覷前進此豈立脚初意耶忘僭貢愚當

名賢輩出稱爲文明之鄕矣但比來荐饉之餘邑弊民殘儒風墮地紀綱紊亂明府下車之後幸逢蜀郡之交翁南陽之召父而佇待文化振作疲癃復蘇政是吾鄕不偶之會也仰賀無已

與張樂安敎駿

大地洪爐不能煮人塵愁而反使熱鑠人肢體解帶狂叫無以支度九切同人之息謹問令體賦歸之餘別有經理而罷卻冷寂耶鎭夏苦海餘喘益復無聊田家農兄聽於雇而不知只以課孫之悠泛爲憂然亦不欲鞭督是或老柔者之常例耶可憎亦可悶此

答黃候 演秀

書

皁盖南來窮鄉動色圭門賤踪未納一刺自分陋劣不敢仰累偃室矣未知藻鑑何以念存而惠問之縷縷若是也且新蔉一件无爲感頌尊閣披閱今旣寒欲盡而歲云暮矣俯伏問篆體神相鎭夏杜門蹤伏無事歙啄挽近熏沐陽春是誰之賜也洽然若魚鳥頓忘粵惟鄙先祖慕堂公昔莅玆州治績藉藨蕆錄清白吏有去思碑而旣經龍蛇之變遺蹟掃如然自古

晚綿綿瓜瓞福田中

歉春麥嶺 幷序○戊子

歲之越明春末孚庚懸鼎飢色慘憺窘親
冷族待余舉火者幾許家也吾亦不贍不
堪救濟欲賣田土而如干薄品不足論價
乃斤最膏腴一耕其直不啻平年之半計
其口而闕急僅資麥嶺前數日之糊誠可
欲慨也

罕古吾東戊子飢青黃不接此時期千村萬落人煙
歇一日三秋麥事遲聖詔嗟逹春賑貸衆生誰施佛

鶂鶂烏經年飼養憎還奇爭勝守家狺狺犬頸長術
仰狎入隨道德經中眞像枉右軍先我畫淋漓呵寒
遠客來三術脫我重裝爲贈遺向余乞得籠中鳥換
作他時鵝眼賞說與家人爭不許此翁一笑強從之
兒孫且莫微禽惜不有困窶寧有斯拜手臨行多謝
禮翻默抱去喜生甥

次人抱孫韻二絕

欲恨平生一個兒行年耳順抱孫遲尋常膝下無朋
歎却羡隣翁弄哺飴
而今幸得夢維熊不偶人間積善翁嘉慶元來差早

衣薄罟數宵矜憐而與之綿衣一著臨發
懇余曰彼鵝也徒費粟別無趣味不合於
隱士而乃豪富家物也雖嫌於得隴望蜀
願借而賣之則剩爲一飢人卒歲之資矣
何如擧家不肯余笑曰君子貴人賤畜且
於寒餓之請安可恝然乎遂與之後聞取
直五十緡於某處云

此翁本是好事者家育鵝畜曾何爲十載殊鄕多寥
寂潑山那有歡喜資鷺鷀自是無情物只送三春已
別離飢鷹何事飽仍去盟鶴難親恐負期何處購來

元來鳥獸不同羣送日窮山幸與君青嶂無言知面
慣黃花副約釃盃醮多年為客緣誰度半世論琴訪
我勤不有談朋還有事思鄉清晝夢看雲

峽中卽事

谷口凹然只見天晚楓紅葉正堪憐不知山外今何
世尚說華胥夢裏緣

畜鵝遺贈吟 幷序

余寓浹峽兒孫慰我涔寂購得雌雄鵝而
飼養慣面與人兼行能知其主而為翫好
之物時適嚴冬有一過客冒寒叩門飢甚

看看只是一青巒江右名遊拇此間祗爲冶翁高節
處至今人說金烏山

田家牧牛

擲劒城南買爾歸春回牧草正芳菲朝涼耕盡蓄煙
歌日暮驅來笠雨霏麥穗登場應不賣桃林近野放
而肥畜雌期得陶朱術黑牧花繁富可希

秋日幽懷

草木如儂又一霜謾多籬落菊花芳淵明老去時將
暮不識何人叟舉觴

朴善日見訪

今年雨量一何多抵到溪秋又戲魔人走牛奔驚急
處書生無料獨吟哦

遊鶴山

前人倘見鶴遊還此地空餘遊鶴山鶴去入歸山獨
在山何不老碧雲鬢

登朝陽閣謹次圍隱鄭先生韻

一旬遵海夏南回行到玆州一閣開麗代山川今尚
在圍翁日月舊經來天低雲影依檻樹山近春光滿
酒杯賊世韶華無處問那堪旅杖獨徘徊

登金烏山

焉有仁君在忍令民盡瘁評燈千古夜讀者不禁淚

編詩宣聖意正雅在其次

詠初月

有無形影魄初生晦色緣何漸化成對鏡佳人開匣半持鎌樵父帶腰橫恐將富貴還招損元自虛謙叟見盈十五宵光前尚遠推來未濟可占亨

遊東洛

與客尋芳洛水濱先賢精彩問無因明沙十里鋪如雪帶得當年麗景新

秋怳

此千古評燈可憾憐

讀詩周召南

二南和氣玩經菹不覺春風動頰牙瓜瓞千歲根何處關雎一篇種德遐

讀鄭衛風

用樂安乎放鄭聲溫柔鄉裏蕩人情要令後學知懲

鑑戀極風靡可返旋

讀變雅

聖主遺風遠世當叔與季羈懷嗟役夫巧舌聽閻守

疾痛每號天惠和一掃地恩親無暇養憂國不能寐

而無嗣時人哀之吾亦義之然公私厚薄人情之不能無者也當伯道情地則俱擔兩兒而若或兩全幸矣不幸至於兩失此天實爲之不失在我之道矣噫伯道雖非要譽於鄉黨避嫌於族屬然吾恐其失於公私厚薄之道或者曰天道有知空其無嗣誠是過語然未知如何割忍無如鄧伯道先疑盍刃自投兒薄姪誠何事要譽避嫌也不爲棄一猶賢兩不全臨時無或過息偏寧爲兩失難爲

皂蓋童童一杖奇　輕奢正合貴人持　遠隨行邁無相厭　不擇霖晴總可爰　瑟縮蝙形伸漲　飽風飄鶑尾擧　參差身經用捨看時適　君子行藏儘可知

梅竹屛

梅花尚惹片時春　應義平生竹保春　奪化何人移得繪　要將紅綠共長春

鄧伯道二絕 幷序

余方教孫兒小學至鄧攸事妾附臆見焉吟僭越是懼耳晉鄧攸當石勒之亂負戴兩兒而逃度不能兩全遂棄其兒而去率

吾人莫羨此翁壽　來自平生積善功　無故塤篪由友
愛　偕調琴瑟亦和融　德星遍照名門裏　慶日尤多老
境中　早得冰桃堂上獻　庭前舞彩總仙童

秋夕

仲秋此日最佳期　新果馨香薦祭祠　考績羅宮傳有
說　嘉俳遺俗少人知

仲秋既望

一年明月最今炙　氣候先冬夏又過　赤壁重遊遺此
夜　藕仙千古恨如何

洋傘

何處潑藏佇暮天雷同相聚若相綠胡爲忘死潛穿
袖怅底平生獨怕煙始信淸晨歛跡又仇來夜不
堪眠寒士秋風非所愛只因送汝最聞先

八月初吉省先墓

新秋感露拜先墳分付家僮掃草紛無數公山樵牧
者休爲踐踏戒叮勤

歸路用唐詩漠漠野田草韻

山稀禹域葬田草日閱牛羊踐大道無後無靈俱可
憐千秋不使白楊老

次張兄晬宴韻

挽金致伯 戚文

柳陰十載紅塵歸老客還羞短髮戴華簪
晚暮相從已十年非兄非弟兄然花朝月夕吟相
對麥飯蔥湯供負徂遼海前宵驚夢鶴空山寒食帳
哀鵑知音天地瑤琴斷鍾子無心憂理絃

詠雪

霧雰窓外亂橫斜長夜明添月萬家瀰滿竈山溪蓋
石暎瓏枯木賸栽花沾來踏玉鞋何惜皎姸粧銀屋
太奢分付家僮休掃郤高歌鄒市儘堪誇

蚊虻

覽鏡

覽照青春不自疑　傷人爭說好男兒　聊知鑑月無今昔　此面胡爲異壯時

懷古

半生蠹案誤青衿　枉築人間違素心　閱世爭霸饒白髮　經年爲客斅黃金　屠龍失手嗟過昔　噬麝遺香奈悔今　誰道桑楡非是晚　千秋無計繫光陰

訪金聖度 旻容

晚隨書帶草香尋求伴春山鳥好音煩我笻鞋追日步羨君詞賦鍊爐金達時只合衡茅屋邀跡何妨市

剛直文詞出性情受人喚點誤遺名如何秉得春秋
筆捲卻疑雲證月明

旱巖靈境

十年湖海放浪蹤歸臥屛巖始休筇夸女眉懸纖片
月將軍石立削尖鋒無人訪問雲潑鎖卻世喧囂水
盡聾恬淡生涯靈壁裏滿天風雨不關儂

七夕

曾緣離別白頭饒偏苦炎皇送不忺金井梧桐知節
葉銀河烏鵲爲誰橋添愛妃子長生殿伴夢天孫一
會宵縞葛翻翻寒欲到含愁少婦歛紅嬌

之以奸黨筆之以八士亦非已甚乎設有
是歟其跡未露則安可遽以加諸是名乎
竊附管見一吟

唐之奸黨八司馬評筆千秋尚可驚眞僞誅心雖有
法蔓方錦貝未分明伊周管葛相推獎錯認當時或
盜名時代不逢言未踐疑山一抹繞雙睛就中劉柳
尤多憾書蹟曾衿露呈時類無端推黨目靈應不
服蹴跌爭休言魚目欺明月倘或涇流混渭清來後
誰將知罪我非阿好是眞情
讀柳大家

海四十八王春草陵流水青山應記舊落花啼鳥問
無憑當年鐘笛歸何處日暮行人懷不勝

唐之八司馬 幷序

春晝閴寂客擾乍退倚椸閱唐史至奸黨八司馬之稱不覺嘖然嘆也八士中六人別無考據不可強辨獨劉柳二人吾非愛其文章而阿好也讀其文想其人則似不至於得千古不韙之名但以其不遇之懷汲汲欲狂互相推奬自許以伊周管葛見忤於時此人必評誠以爲夸大則可遂目

曰君王吊者獨何歟

殷箕亦是舊宗臣知命歸鮮孔曰仁無效邦家溝瀆

者何如身義兩全人

　讀陶靖節歸去來辭有感二絕

先生倘或爲貧仕郵督區區不足羞辭富居貧安職

分何關腰折便歸休

倘或先生爲國仕危邦受命不堪辭祗宜與國同休

戚當局輸贏一節持

　東都懷古

朴昔金君昔已昇煙雲只自去雷恆三千方里滄桑

梅花

仍消咻兒來酌屠蘇酒萬念徊徨不覺朝
比與凡花莫謾欺佳人欲妬爾還癡看看不是塵中物閬闔瑤池正合姿

燈夕遊鴨谷寺

恆河浴雨細濛濛燈燭寥寥佛海中不夜江山何大界亂星天地淨無風齋誡男女皆僧性靜寂鷄鍾遠俗聲千古如來多施德至慈無望報酬功

讀離騷經有感二絕

爲誰屈魄葬魚湖未照昏愚鑑月孤招慰千秋爭渡

各祖家聲又熾昌風儀珍重氣軒昻勔經以若文衡
手薄官堪憐吏佐郞晚慕寅緣長復擬幽明闊別此
何怵縱然相憶那相見回首佳城涙草霜
重陽日伴同志登峨嵋山
倦上峨嵋倸納凉百人可坐一巖場有誰對酒能無
賦爲客登山每憶鄉峯釰抽尖看尚懷石門澁凹掩
何藏黃花應笑頭邊雪泣照元無却老方
除夕
一歲終頭只一宵家家穰福萬燈昭三千里內皆同
夕五十年餘又此霄新祝榮光春共到前祿災厄雲

臺名千古得巢鶴與高臺共不離鶴骨松心通佛性塵人不敢狎相窺

過丹溪河先生墓有感二絕 幷序

自商山歸路過舞乙適拜先生墓因敂杖徘徊以寓曠感之意而一吟爾

豈忍當年說躑梁魂歸寧越骨沙塲祗餘冠烏藏何處一善松杉是故鄉

一體君臣憤恨同寥寥百歲子規聲千古墓門入必式烈日秋霜凜想中

挽權佐郎巢山 鋐

鷺猜年豐爭驗端陽雨只願甘零黍稻栽

與朴善目金魯彥登華山

平鋪頂上擎金盤非野非山兎斧剗猶有居人耕雲
畝偶來俗客宿月欄龍蚖曠惆將軍去猿鶴渡盟隱
者安城石摩挲今欲問千秋無語碧苔寒

麟角寺

麟角巖峷別有天壽眞轉入寺當前金軀老大阿彌
佛粉面媚嬌羅漢禪覺樹春闌花爭浴諸天月隱鶴
孤眠梵家無一纖塵累物物來交色相姸

鶴巢臺

山水之間默不能忘于懷者渠曹癡駿強

遂村塾伐齊爲名不見是圖每旅枕不寐

耿耿一念常在挑燈一吟爲消遣之資

踈星殘月客窓秋不寐愁人賦遠遊萬事吾家最關

慮癡孫課學近何修

方年志學汝從師非復而今覺棄時有客欣迎傭善

遇卽隨餘力戛看詩

端午

聞道天中佳節回家家先廟薦新盃千秋正則靈應

在初度孟嘗日復來贈喜櫻桃瓊玉轉弄楊柳燕

染毫模寫奪化兒 瑞色玲瓏製雲霓 非以公私分巧
拙 千秋名價手高低

硯

無數磨礱體自如 誰家耕食祿猶餘 親疏詞客休為
鈍 瀝盡心肝腹已虛

墨

磨來頂踵盡其身 繪事何人擇品眞 黑白分明難逃
眼 煙雲點綴露精神

旅中懷兒孫二絕 幷序

余近以無聊託家務於兒曹而客于東南

矣噫彼四友之材與質不啻而用者之巧拙或為鸞翔鳳翥之瑞又有曳白吞黑之嘲彼曳白吞黑者豈筆硯之罪哉是可歎憂有不然者借使用之者皆盡其妙則世豈有物品之高下價直之貴賤也物之不齊物之情而不能無人工之巧拙也

紙

楮桑為質粉為面萬古羣書載爾傳皎潔平生期不變

筆

獻身緇染最堪憐

怨乎然則壽者造物之恩耶用者之恩耶
且夭者怨造物乎怨用之者乎吾所不知
然豈可付恩怨於其間哉夫物之為銳鈍
也因其用而為體用有緊歇安得無壽夭
之異乎至於寧銳矢而舍鈍壽正合愚意
化翁賦造之意萬物稟受之形皆樂其為
用誰為之壽而願為其鈍乎正人之舍曲
取直用之適也方易鼓而圓為壽又何可
論哉但子西之所未及見者必同一之物
賀用之不盡其妙功效懸殊是不能無憾

旱還似平生未見晴

同洪致岡秉滉登八公山

吾行不是問繁華 趂到公山日未斜 浮沒道庵尋鎖
霧 跳奔巖瀑潄餘霞 雲根難動千年石 煙界周看八
郡衙 虎踞龍踏入可見 天翁慳秘有誰誇

文房四友吟 并序

余讀唐子西硯銘 其論銳鈍壽夭之說 誠
然矣奚獨筆硯哉 凡造物者之長短洪纖
輕重廣狹 體相不同而各適其用 用之者
多則天用之者小則壽壽夭之間或有恩

輩唯唯而退因其言爲敘繼之以詩云

胎髮皤皤一甲環劬勞父母更無還鷰鴒其奈孤飛
羽琴瑟堪憐獨老鸞聘奔或恐寒三子舞悅偏傷鼓
一斑失怙孤孫休頌祝翁祈爾壽念常關
罷脫行尋不自休人間萬事片雲悠烏紗鶴氅還無
念薄宦誰云勝白頭
強爲兒孫一飮醅同吾鐵樹送年多到今吾不期過
壽但願餘齡無事過

悶雨

屋外乾坤省水聲一旬咫尺絶通行堯洪莫較殷天

席無面渡江遂折節戞試於弓馬之塲頭
奉御花恬然還錦相如子雲得無鬼笑乎
然而戞欲參翺則路阻杞棘橐乏蔘朮嗚
乎以余衰室之愚安敢貢憂於邦國哉環
顧青邱此風雨雪之漸不幸近之矣惠好
同歸此非其時乎遂與同志放浪山水把
作一生行樂不覺白紛如也於焉之間父母
劬勞之日忽到汝雖癡孩當徐息焉行年到
弧人事之不圓滿世豈有如翁者乎吾不忍
置酒速客醺然娛樂矣汝等諒悉乎兒孫

生經歷筆舌可旣乎早失怙恃風樹之淚
未乾而伯兄見棄伶仃孤子便作終鮮之
人慨廓踽踽頓無悰况且琴瑟緣薄絃斷
於强壯之年終老於四窶之首禍不單行
又及於羸博心焉如爇撫念生平百憫形
骸寧有一分人世之樂乎變想人之因果
一生實非偶然則豈可以命途之慘無聊
以了生乎于以中年浪跡堪可拍掌也妥
以絲毫之才出沒科臼之中癡雲黠雨浸
淹京洛鍾漏三年羞饒白頭旣違獻賦之

臨遺躅彷徨抵暮而宿翌日還麟寺更尋
屛巖十里蒼壁果如屛鋪中有一區可樓
遂爲隱道之計焉
塵間萬事不羈人無問江湖退老身可惜凌雲違獻
賦猶懷拱斗遠瞻宸生涯自在菑煙隴趣誰爭釣
月濱從此還山籌旣定籩金莫買沃州隣
甲日述懷三首 幷序
歲戊戌二月念日翁之初度也聞兒孫
輩爲稱慶設宴之計余卽招曰坐吾語汝
俗所謂弘筵是何等感傷之日也翁之一

堪輿之秘則此間空有遐肥之地勿謂淺
邇而善占焉余乃唯唯而浹旬盤旋於四
靈之境 附近地名有龍鳳龜麟 往往泉石脩潔林壑
窈窕遂放杖徘徊復緣蹊而轉入歷鶴巢
臺而一吟暮投麟角寺而宿焉翌日登華
山周覽局內則天作金城環繞十許里石
有將軍澗曰玉井開田澆沃可饒十室之
口北有城門故址築石磊磊因天險藉地
形所謂一夫當關萬夫莫開柱昔龍蛇之
亂爲一方雷屯之策而有西厓柳先生登

征鴻疎星獨倚欄情人遙憶路漫漫君譜慳秘青鳥
設我愛淸香黃菊餐宋玉堪憐搖落後隱侯先覺別
離難楮山可賞今宵月誰與相同把酒看

犀鋪巖幽居 幷序

甲午東騷以避隱之計遍踏嶠南名勝省
是沃州之山而別無幽閒投身之處中途
彷徨一二友朋慇懃邀我而喻之曰噫士
之藏於考槃者何必高飛遠走而擇窮僻
乎不計遠邇可合碩人之適軸則足矣我
龜山之鄕雖無絶勝古稱四靈名區且有

無聲故教煙月藏潑鎖恐或人間漏隱名

喜雨

旱魃三旬野草無仁天那惜一霖濡是時何物能為瑞望際甘零可適珠窓外芭蕉奚足恤畦中稻稷雯興枯神功罪直三農慰又使羣生病喘甦

病後

病裏驚聞節序過欲將風景慾蹉跎秋生門巷浓疎柳歲晚衣裳戀舊荷我取開居辭宦早誰能消渴著書多支離枕席新梳髮神魄如飛喜祛痾

秋夜憶陳星老

淡宕風流溫雅形吾人雙眼百逢青潘楊家誼交逾
切鍾伯絃音愧借聽送弟金門司馬榜課孫熬燭抱
獪經相期白首閴追逐謾使悲風潸淚零

挽崔大經 坰㮄

詡翁家閥世簪纓魁傑如公又篤生有數青雲嗟竟
跌無端白髮謾垂戌盟期百歲芳隣結妥劇前宵恠
夢驚馬同室同情難忘誇他天悵別淚縱橫

寄贈權上舍 綱澤

尋常追逐野夫行指說芹宮太學生爲問桂山閒處
趣何如蓮梢唱時榮洛水青雲還斷念藍田白玉煇

侯來弊局滌塵埃 如水公門淡泊開 退服逍遙吟舍
柳賞春遲暮問官 梅報君乍作三刀夢 按節元非百
里才 數載絃歌雷後 跡察眉樓下首應回

公碑自在萬人脣 百世淸風久不泯 嗟爾僕夫無疾

驅 齎錢父老悵行塵

春日閑寂憶京華

開窓倚枕夢京城 御柳青青無數鶯 華戶看今三月

暮龍樓依舊五雲玲 雨中仙李培天種 盤上香芹獻

野誠投紱還吟嶠嶺外蒼蒼北斗望崢嶸

挽權侍御仲洛

日慟倚青山我獨回

晚秋賞菊

休道重陽已過期此花開日卽良時
可憐正則餐餘
物可愛淵明採後枝僻地疎籬人罕到晚香寒雨蝶
無知年華與爾同衰暮恐減朝朝露艶脂

挽鄭公 鎭泰

嶠南舊族問誰家屈指烏川閥閱嘉源脈從來泉有
醴文章又是錦添花平生趣味芝憐蕙中道因緣葛
附瓜江渭凭凉雲樹恨牙琴絃斷奈如嗟

奉別黃候 演秀 二首

知有別般趣味也遂閱二賁而歸但恨無頓
悟靈覺而依舊是俗人洪禪嘲我以炎涼之
客吾亦一哂戲題云

再尋金谷問何爲萬國洪爐暫撥離下界蜚煙煩口
腹諸天花雨浴鬢髭夢中凡骨渾如化飯後闍梨敎
解詩最是知音靈佛島隔林嘲罷俗人癡

從兄 鎭鵬 挽二絕

敍樂同堂四十霜池塘青草夢頻香家庭萬事誰先
導只恃吾兄在長房

仁慈孝友衆所推陽界賢人鬼何猜丹旌一去無來

青巖一局是誰藏吾祖千秋掩斧堂省掃年年沾雨
露神精優優見羮墻五楹高巚齋明席數郡零孫會
奠觴撫愛松杉瞻望裏氣因誠感陟洋洋

暑月與張樂安再到金谷寺 并序

余性偏畏暑熱叵耐喘怯入或嘲我以臭
之牛每當洪爐節不能家食今與一二同志
寄糊於洪上人而優遊於色相之外遠逃紅
炎談討佛經消遣世慮竊想古之文章達士
從遊致款於浮屠者如昌黎之於文暢曼卿
之於秘演脫然爲忘形之交儒佛相與之意

往靈山青巖里拜先墓宿陟巘齋 幷序

靈之鷲城東青巖一區乃吾先之婆源也
先祖議政慕堂府君兩世遺藏在焉今此
不肖輩何以棄先鄉而爲一善之派也盖
慕堂公作宰于本州子孫仍爲留落噫以
我名祖後裔化渡淮之橘零替不振亦一
慨歎也善之距靈爲八舍之武途遠誠薄
未能源源省謁惡在其子孫之道也今適
値霜露之節而瞻拜與僉宗敍樂因病巘
齋有感

客遊京耗久聾野父耳癡憂寀室正堪憐

與張樂安敎駿避暑于金谷寺

金刹玲瓏貝葉天誰敎浚鎖白雲煙青鳧化鳥騰何處老鶴巢松不記年營汩鳥生辭苦海清涼却暑聽流泉談經半夜僧歸院曉月鍾聲喚客眠

奉賀黃侯演秀惠贈新蕚一絶

從前淸白世家臣五馬輶來有脚春欲拜絃歌言僿室官梅應笑野愚民

赫蹄飛白耀蓬廬又此新蕚時憲書何幸山中知曆日農期寒煖適耕鋤

限亥步一生難到洲平陸較看能幾倍長天至大可
同傳歸家若問何如物詩不形容畫莫收

歸路登嶺南樓二絕

與君催上嶺南樓極目雲煙幾度秋多少風光收未
盡恩恩歸殿悵離愁
辭樓把酒杏花家變望回頭日欲斜若問今行何所
得華榗傑句浪吟誇

戊申四月日登達城眺望

化翁神斧昔何年鑄出金湯鼎凹朕線電時鳴通遠
地汔煙堆聳散晴天尋陰隊坐來入伴逸興高吟韻

老于楮山之下爲樂云爾

我本非仁豈樂山只緣樓碧愛幽閒欲窺遐眺登
嘯或賞殘華宿不還害時從呦鹿友知音更領好
禽喧紆身青紫歸無事長擬逍遙老此間

與陳星老遊普賢山

四疆跨鎭屹參天聚散峯頭何郡煙湫窟猶餘龍躍
處巘巖遠憺鼉磨巓千古誕靈生瑞後幾回遊客問
程前登臨眠日同君醉收拾奚囊帶月旋

與金雅龜洛遊東萊望釜山海

海出青卯地盡頭常時耳聞返增眸鵬雖九萬那知

于以從余遊者號我以樂山余笑曰此翁乎日雖有山水之癖樂山之稱惡敢當也聖人云仁者樂山盖山者靜而不動有似乎仁之體然則樂之者豈非君子之徒乎於我實非著題目也友人詰之曰仁者別有其人耶子何獨不爲仁人耶士希賢賢希聖雖不敢自處以仁者然以是爲自期之資則有何僭越之嫌乎余唯唯而不能辨聊以棲碧山之意標以自況庶無愧於吾心而因以終

楮山幽居 幷序

余少也從事于擧子業積費心力一無所就蹉過少壯可愧亦可歎也歲玄黓皇上觀射于御苑幸忝虎榜挨分感極歎實非平素之期也噫乎事與時枘不欲參翶於名利之塲卷歸家鄕課農聽子無所事爲也吾領之南素稱多山水之美遂與一二同志遞馬杖藜周遊歷訪足跡不肯一日休似不無其趣矣

扇風月誰知柱手中

見蕩滌心胃病自痊

登終南山

遙望長安萬像森蓬萊宮闕五雲浮金甌天作元如
彼三角爲城漢水衿

歸路登鳥嶺

主鎭東南一嶺懸三千里內掌中旽可憐玉笛無消
息幾見春烽過怯煙老松欝欝蘸龍澤落日亭亭下
免遷遙望靑雲來去路慣音花鳥嘖年年

詠團扇

獨倚黃昏待皓月雖看皓月乏淸風須臾持得團圞

樂山遺稿卷之一

詩

遊漢陽

東風桃李盛繁榮紫陌紅塵滿一城十載追奔裘已弊九重閶闔賦難呈鞵霜還苦令人濕花鳥無端唉我車投紱田園歸有事不如耕釣遂初盟

漢江觀漲二絕

添漲朝來不見洲都城士女競纏頭此江若變黃河水八域澄清國運休

一望洋洋遠接天來入爭泊廣陵船要令楚子曾相

樂山遺稿目錄

祭文
樂山記
屛鋪巖幽居記
遺稿告成文
跋

鄭文終侯論
武侯論
三綱論
卷之二
附錄
家狀
行狀
墓誌銘 并序
墓碣銘 并序
挽詞

與張通政斗珩
與從弟鍾憲
寄姪兒在淵
序
樂山序
記
楮田記
論
天人論
雹雹侯論

朴善日見訪
峽中卽事
畜鵝遺贈吟 并序
次人抱孫韻二絶
歎春麥嶺 并序

書
答黃侯 演秀
與張樂安 敎駿
與權進士 嗣澤
與譜所僉宗

樂山遺稿目錄

讀鄭衛風
讀變雅
詠初月
遊東洛
秋怀
遊鶴山
登朝陽閣謹次圃隱鄭先生韻
登金烏山
田家牧牛
秋日幽懷

蚊虻

八月初吉省先墓

歸路用唐詩漠漠野田草韻

次張兄晬宴韻

秋夕

仲秋旣望

洋傘

梅竹犀

鄧伯道二絶 并序

讀詩周召南

東都懷古
唐之八司馬 并序
讀柳大家
羿巖靈境
七夕
覽鏡
懷古
訪金聖度 昊容
挽金致伯 成文
詠雪

獜角寺

鶴巢臺

過丹溪河先生墓有感

挽權佐郎巢山 銓

重陽日伴同志登峨嵋山

除夕

梅花

燈夕遊鴨谷寺

讀離騷經有感二絶

讀陶靖節歸去來辭有感二絶

悶雨
同洪致岡秉禔登八公山
文房四友吟 并序
紙
筆
硯
墨
旅中懷兒孫二絶 并序
端午
與朴善日金魯彦登華山

奉別黃侯演秀 二絕
春日閒寂憶京華
挽權侍御仲洛
挽崔大經坰植
寄贈權上舍泂澤
喜雨
病後
秋夜憶陳星老
犀鋪叢幽居 弁亭
甲日述懷 並小序

與金雅龜洛遊東萊望釜山海
歸路登嶺南樓二絕
戊申四月日登達城眺望
與張郡守敎駿避暑于金谷寺
奉賀黃侯演秀惠贈新篁二絕
往靈山青巖里拜先墓宿陟巘齋 幷序
暑月與張郡守再到金谷寺 幷序
挽從兄鎭鵬二絕
晚秋賞菊
挽鄭公鎭泰

樂山遺稿目錄

卷之一

詩

遊漢陽
漢江觀漲二絶
登終南山
歸路登鳥嶺
詠團扇
楮山幽居 并小序
與陳星老遊普賢山寺

樂山裵公遺稿序

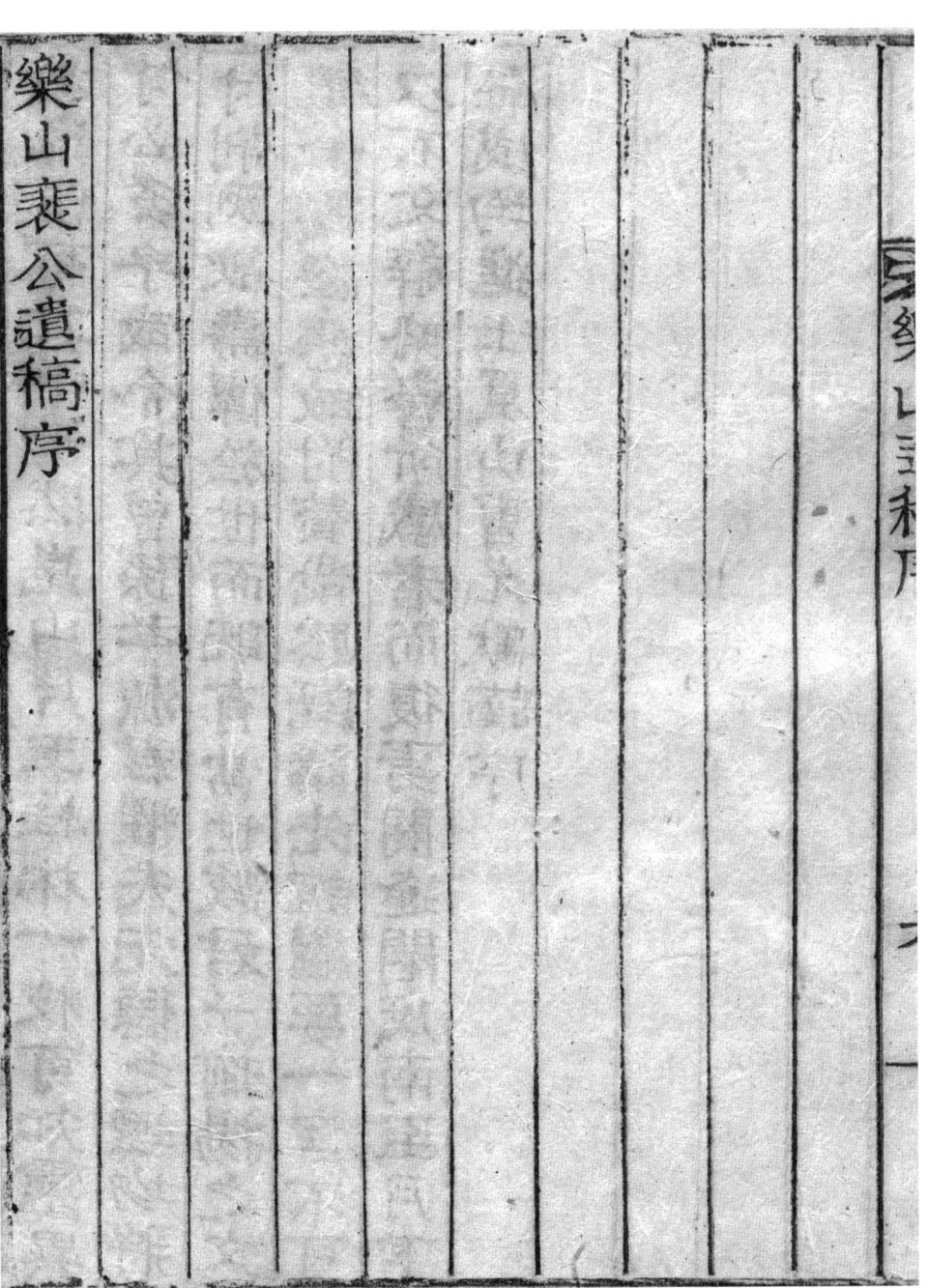

於逸僅存其十一然崑山片玉桂林一枝可知靈異
何必多乎哉今其曾孫孝源君懼夫先德之堙沒將
付剞劂欲壽傳於世而既有當世數君子揄揚之文
顧余蔑學惡敢附贅哉然既講誼繼要一言不可
以不文辭略書所感者而復畀閼逢閹茂南至月下
澣成均進士夏山曺允默謹序

誦陶靖節田園賦一篇遂浚然遐舉退居東岡先占
屛巖一區愛其山水之勝寓樂仁智且築楮山數椽
鞱光匿影爲終老之計泉甘土肥爰得其所朝耕暮
讀聊可自適彼煙雲島獸松篁泉石居然爲自家所
有復何役志於外物者哉一寸丹忱終始未泯宗祊
之慮不但溱婺之憂每想杜工部倚斗望京之句瞻
焉顧西榛苓之淚不覺泫然此公之始卒而遇不遇
熙也所著詩文若干咨省平日遊賞而勝地名樓讌
巖孤燈幷有記述或出於忠憤慷慨之意或溢於冲
澹平和之氣悉存中發外之辭惜乎遊岱已久不戒

璞玉遇卞和而獲售樱楠待匠石而見用非不寶重
連城材合棟樑在乎時之遇不遇也世有含章援萃
之士或薄試榮途卷懷林樊固守初服抑進退消長
關於氣數而然歟現晦行藏察其幾微而然歟近古
樂山裵公即其人也公以慕翁肯孫肇自齠齔品性
聰俊英邁兼濟以文詞居家盡孝友睦婣處世務誠
慤忠信至於交人接物濟窮恤貧之道靡不周詳款
洽咸得懽心於宗黨鄉隣倚達弓馬之藝遊於京洛
一登虎榜雖非素志事君效忠從此權輿試展所蘊
步武亨衢固知分內矣噫桑瀾一飜時事大變於是

之句皆從趣味中流出令人讀之不覺胷襟之爽豁
而以其子孫之散在各地未得團聚多失於童行之
竊取今所存者僅十之一噫一臠而知全鼎則何
必多乎哉公之孫秀煥裒集其散稿幾首附以狀碣
挽誄等文字編爲一冊將欲壽其傳而要余一言以
弁之顧膚淺何足當是役辭慾固而請益勤第念其
情不以人而以契則有不可終已者遂略敍其所感
於中者以歸之甲戌中秋上澣完山崔炳元謹序

於弓馬之場而得蓼虓非公之平昔所期者也歷
轉郞階擬竭心推誠恩效涓埃之報而風潮一變大
陸將沉公之籌已左矣乃以枯槁短豪周流歷訪名
區勝地無不遍躡或過古都而述懷或登名樓而遣
興脚力既倦乃歸占一區別業盖公素有山水之癖
而遂爲晚暮菟裘之計耕雲釣月不知老之將至年
踰七旬以壽而終若公可謂存順沒寧者平日所著
詩文若干篇皆平淡溫和不事離繪而自有體裁信
乎有德者之言也其讀離騷有感之唫惜唐八司馬
之詩尤可見公之忠厚惻怛之意若其泠風弄月

君子論人必先德行而後文藝德行本也文藝末也
苟或規規從事於詞章句讀之學而不務其本則曷
足以入於君子之揀擇乎樂山襄公以恬澹豈弟之
姿兼之以耿介廉潔之操學專為已心不外馳一必
孝悌忠信誠正修齊為裘葛且好施與值儉歲而亦
士必賑親戚見窶人而委物以資貲多優遊自樂絶
意於紛華榮利之路而惟耕讀是事言語不及於俚
俗足跡不出於鄉閭矣後以親命不獲已試之場屋
間竟不為有司者所取乃曰士苟世不能鶚立於
品秩清顯之班則亦當鷹揚於隊伍奇正之陣一出

之一二然嚌一齏而知全鼎公之孫秀煥欲壽諸梓
囑不俊以丁乙之役又請一言以弁卷不俊非能言
者徒貽佛頭之譏爲謝則其請益勤遂畧叙所感於
心者以歸之閼逢閹茂仲秋下澣通政大夫前行弘
文館侍講兼知製誥聞韶金鴻洛謹序

黽勉中虎榜出身事主可謂由此權輿而乃知寸膠不能救千丈之㵎惟飄然鵠舉樂彼之園復遂初服暇日放杖山水吟賞景物以發舒而遊泳焉蓋傷然塵臼之表而怡然仁智之樂矣及其桑灂一齠尤切風泉之感悽愴之意常溢於言辭蓋公忠義之心於此可見而性又清簡閑雅其發於中而著於文詞者冲澹有餘味無俗儒輩血氣味其中有陶靖節之去就鄧伯道之急難見解精渡辨析分明發前人之所未發而爲後日之所憑信信乎有德者必有言惜乎公之咳唾餘珠必不止此而不幸遺逸所存者僅十

樂山裵公遺稿序

士固有蘊抱瑰奇潑藏林壑終一生而不售者皆由
於氣數之偏倚時運之沈冥也故士之遇於世自古
以爲難而惟能觀象玩占知時識勢理亂不入於耳
榮辱不累於心爲範於當世而垂裕於後昆豈非鄒
聖所謂獨善其身而龐德公之遺之以安者乎樂山
裵公以慕堂公之後孫稟仁慈之性挺聰明之姿交
藻夙就大噪一世而爲親屈首屢試不中則遂卷懷
林泉惟以修身飭行爲一部眠藏事親盡志體之養
濟物極慈悲之性及其再屈荆圍爲知舊所敦勸遂